Bitte überzeugen Sie sich, dass Sie dieses Buch in unbeschädigtem Zustand übernehmen, da die Bibliothek Sie für jede nach der Rückgabe festgestellte Beschädigung haftbar machen muss!

Please treat our books carefully, otherwise you are liable for damages.

Stadtbibliothek Halle (Saale)

D1695663

Mein SILHOUETTE® Hobbyplotter

Das große Werk- und Ideenbuch

SILHOUETTE CAMEO

Zur aktuellen Software Studio V3

Auch zum Arbeiten mit allen älteren Plottern und Studio V4

Inhalt

Vorwort 5

Grundlagen 6

Was ist ein Plotter? 6
Material und Werkzeug 12
Erste Schritte 14
    Maschine und Software 12
    Designen 13
    Shop (und weitere Bezugsquellen für Designs) 16
    Bibliothek (und speichern generell) 18
    Öffnen (und Dateiformate) 20
Silhouette Studio: Fünf Schritt-für-Schritt-Projekte 22
    Lesezeichen entwerfen 22
    Freihand-Zeichnen von eigenen Motiven 27
    Briefbanderole mit Kolibri 30
    Fotos in plottfähige Dateien umwandeln 32
    Mit Schriften arbeiten 34
▶ Messer einstellen und schneiden 38
Mit besonderen Materialien arbeiten 42
    Papier 42
    Bügelfolie 43
    Vinylfolie 46
    Schablonen 48
    Print & Cut 50
    PixScan 52
    Sketch Pens (einfarbig und mit mehreren Farben) 54
    Strasssteine 55
    Stempel 58
    Stoff 60

Zauberhafte Papierideen 62

Briefbögen mit Vögelchen 64
Kranich und Storch wünschen „Alles Gute" 66
Paris zum Aufklappen 68
Pop-Up-Karten Berlin und London 70
Winterüberraschung 72
Kartengrüße mit tollen Schriftzügen 74
Viel Glück und viel Segen 76
Kaktuskarte statt Blumen 78

Tierische Karnevals-Masken	80
Party-Girlande	82
Daumenkino und Fotoalbum	84
Sprechblasen für Karten, Wandtattoos, Shirts u.v.m.	86

Filigrane Körper — 88

Geschenkschachtel mit Krönchen	90
Vielseitige Burger-Box	92
▶ Pralinenschachtel „für dich"	94
Dinoschachtel auf Rollen	96
Bezaubernde Windlichter	98
Adventskalender von Herzen	100
Strahlender Stern	102
Rosarote Kuckucksuhr	104
Süße Grüße: Cupcakes in Schachteln	106

Feinheiten mit Folie — 108

Freches Shirt	110
Einhorn-Kakao	112
Skyline im Wohnzimmer	114
Wandatlas	116
Zitate für zu Hause	118
Geburtstags-Shirt	120
Baukastenset: Spannende T-Shirts	122

Zarte Schnitte aus Stoff — 124

T-Shirt für Tierfreunde	126
Trendtäschchen mit Strass	128
Ausgefallene Muster auf Stoff (PixScan)	130
Glitzernde Zahlen	132
Niedliche Designs mit Schablonen	134

▶ Viele Vorlagen, mehr Inspiration	136
Troubleshooting	138
Register	140
Buchempfehlungen für Sie	142
Die Autorin/Impressum	144

Digitale Extras (s. S. 5)

- Über 100 Vorlagen
- GrundlagenStudio4.pdf (sobald Software verfügbar)
- Schneideeinstellungen.pdf
- ▶ Hilfreiche Videoanleitungen zu den markierten Punkten

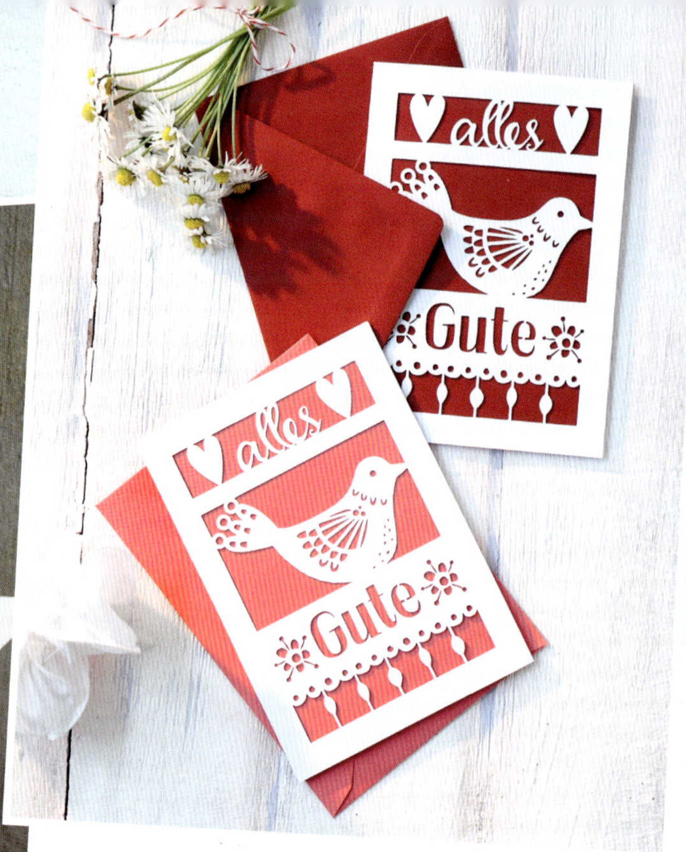
alles
Gute
alles
Gute

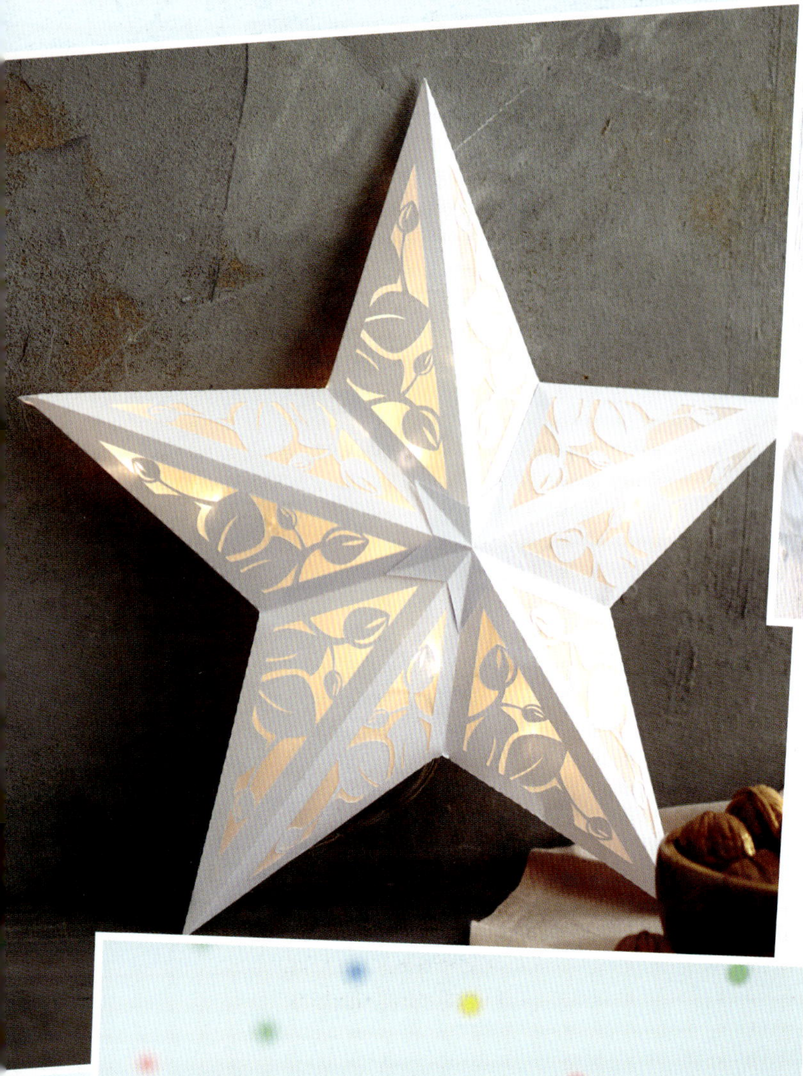

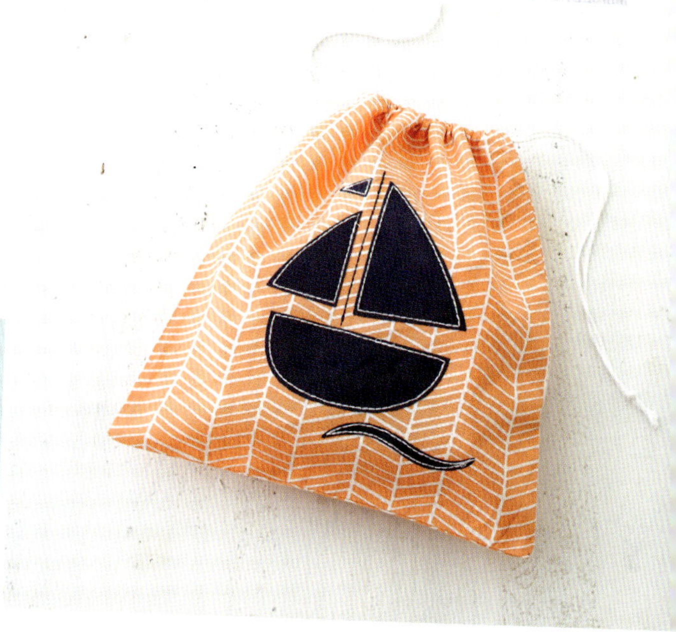

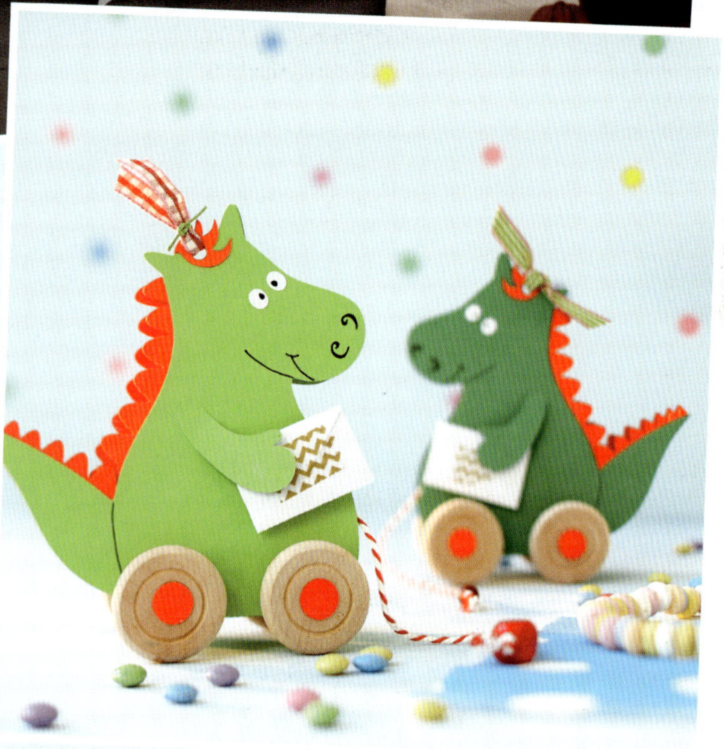

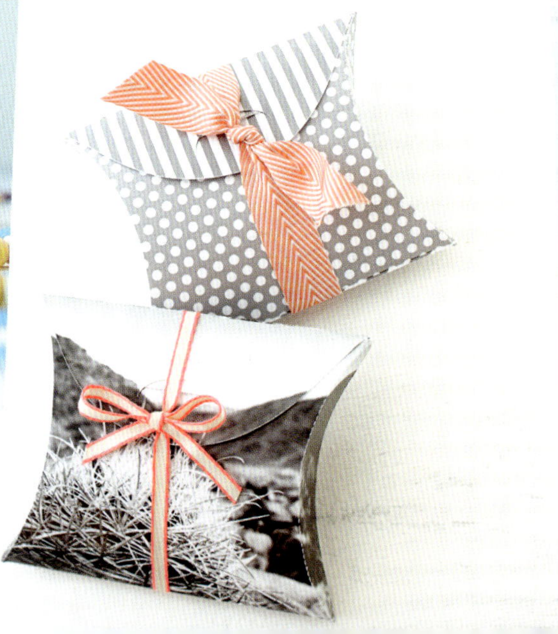

Vorwort

Ich habe mal die alte Rechnung rausgesucht. Im August 2012 (ECHT JETZT?!? SO LANGE SCHON?!?) habe ich meine Silhouette gekauft. Und ich liebe sie seit dem ersten Tag. Egal, ob es um private Projekte oder den Job geht. Meine Silhouette ist ein echtes Arbeitstier.

Seit Oktober 2012 finde ich, dass es dringend ein Buch auf dem Markt geben sollte. Eines, das die kostenlose Software zum Plotter ausführlich erklärt. Und zusätzlich viele tolle Projekte beinhaltet, mit denen man sofort losschneiden kann. Jetzt endlich ist es soweit. Sie können diese Zeilen lesen. Das bedeutet, dass das Buch gedruckt und auf dem Markt ist.

Ich weiß selbst aus meinen Anfängen in der Werbeagentur, wie erschlagend ein neues Programm auf dem PC sein kann. Gut, wenn man jemanden hat, der einem vieles erklärt. Oder ein Buch, das genau diese Aufgabe übernimmt. Eines, das gleichzeitig viele aufkommende Fragen beantwortet. Am schnellsten gelernt habe ich damals, wenn ich ein fertiges Projekt bekommen habe, welches ich genauso oder ähnlich nachbauen konnte. Und so sind die Projekte in diesem Buch ebenfalls aufgebaut. Ich gebe die Aufgabe vor (z. B. ein Lesezeichen) und wir gehen die Schritte bis zum fertigen Lesezeichen gemeinsam.

Im normalen Arbeitsalltag arbeite ich mit einem anderen – viel ausführlicherem – Vektorprogramm. Und doch bin ich von der Studio-Software begeistert. Mit ihr kann man viele wunderschöne Dinge entstehen lassen. Manchmal auf dem direkten Weg, manchmal aber auch durch ein Hintertürchen. Und doch ist die Software übersichtlich gestaltet.

Also: Los geht's! Schließen Sie die Silhouette an und plotten Sie los.

Kreative Grüße

Miriam Dornemann

Online-Videos sowie PDF- und Vorlagen-Download in der TOPP Digitalen Bibliothek online

Neben allen Plotterdateien aus diesem Buch finden Sie hier einen kompletten Grundlagenteil zu Silhouette Studio 4, sobald das Update verfügbar ist und eine Tabelle mit gängigen Schneideeinstellungen für verschiedene Materialien. Auch Videos für den perfekten Einstieg finden Sie nach erfolgter Registrierung in Ihrer Digitalen Bibliothek:

www.topp-kreativ.de/digibib

Der Freischaltcode für die Videos lautet: 16614

Grundlagen

Was ist ein Plotter?

Aus dem Englischen übersetzt bedeutet *plot* zeichnen. Im Deutschen werden Plotter auch als Kurvenschreiber bezeichnet: Ein Ausgabegerät, das Zeichnungen und andere Vektorgrafiken auf verschiedenen Materialien darstellt. In den Plotter kann ein Stift oder ein Messer eingesetzt werden. Somit kann das Gerät entweder Linien zeichnen oder schneiden. Das vorliegende Buch behandelt ausschließlich Silhouette Plotter. Folgend eine kleine Übersicht der wichtigsten Fakten zu den gängigsten Modellen. Für welches Gerät Sie sich entscheiden, hängt stark davon ab, welche Materialien Sie wie bearbeiten möchten und welche Größe Ihre Projekte haben. Ihre Entscheidung hängt aber auch von der Größe Ihres Arbeitsplatzes ab. Die Portrait hat z. B. den kleinsten Schneidebereich, ist aber auch klein und lässt sich leicht transportieren. Die Curio kann zusätzlich prägen und gravieren.

Die in diesem Buch vorgestellten Projekte sind mit der Silhouette CAMEO geschnitten, die meisten können jedoch auch mit der Silhouette Portrait oder Curio durchgeführt werden. Ggf. müssen dafür einzelne Objekte getrennt zugeschnitten oder verkleinert werden.

HINWEIS: Mit der Silhouette CAMEO 3 wird Ende 2016 auch die neue Software Silhouette Studio 4 eingeführt. In diesem Buch wird die aktuelle Software Silhouette Studio 3 behandelt. Die Software ist mit der Silhouette CAMEO 3 und allen älteren Plottern kompatibel. Nach dem Update finden Sie den angepassten Grundlagenteil zu Version 4 (etwa November 2016) in Ihrer digitalen Bibliothek (s. S. 5).

Silhouette Portrait

Silhouette CAMEO 2

Silhouette CAMEO 3

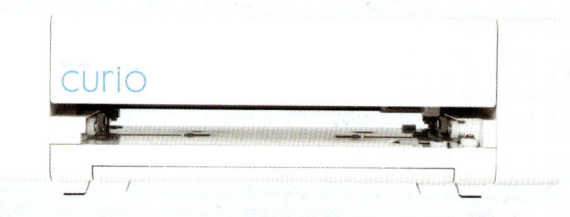

Silhouette Curio

	Silhouette Portrait	Silhouette CAMEO 2	Silhouette CAMEO 3	Silhouette Curio
Features	Schneiden, Zeichnen, Print & Cut, PixScan	Schneiden, Zeichnen, Print & Cut, PixScan	Schneiden, Zeichnen, Print & Cut, PixScan, zwei Werkzeughalterungen, autom. Messer, Bluetooth	Schneiden, Zeichnen, Print & Cut, PixScan, Prägen, Gravieren, Prickeln (Löcher stechen), zwei Werkzeughalterungen
Schneidebereich	Mit Matte: 20,3 cm × 30,4 cm (ca. A4) Ohne Matte*: 20,3 cm × 3 m	Mit kleiner Matte: 30,4 cm × 30,4 cm Mit großer Matte: 30,4 cm × 60,9 cm Ohne Matte*: 29,4 cm × 3 m	Mit kleiner Matte: 30,4 cm × 30,4 cm Mit großer Matte: 30,4 cm × 60,9 cm Ohne Matte*: 29,4 cm × 3 m	Präge- und Schneidematte Mit kleiner Matte: 21,6 cm × 15,2 cm Mit großer Matte: 21,6 cm × 30,4 cm
Maximale Schneidekraft	210 g/m² (Doppelschnitt bei stärkeren Materialien)	210 g/m² (Doppelschnitt bei stärkeren Materialien)	210 g/m² (Doppelschnitt bei stärkeren Materialien)	210 g/m²
Maximale Medienstärke	0,5 mm	0,5 mm	2 mm	2 mm
Schneidbare Materialien	Vinylfolie, Papier, Fotopapier, Cardstock, Thermotransferfolien, dünner Stoff, Strassschablonen u.v.m.	Vinylfolie, Papier, Fotopapier, Cardstock, Thermotransferfolien, dünner Stoff, Strassschablonen u.v.m.	Vinylfolie, Papier, Fotopapier, Cardstock, Thermotransferfolien, dünner Stoff, Strassschablonen und dickere Materialien nach Herstellerangaben	Vinylfolie, Papier, Fotopapier, Cardstock, Thermotransferfolien, dünner Stoff, Strassschablonen und dickere Materialien nach Herstellerangaben
Mitgelieferte Software	Silhouette Studio	Silhouette Studio	Silhouette Studio	Silhouette Studio
Kompatibel mit Mac und Windows	Ja	Ja	Ja	Ja
Kompatibel mit Illustrator, Corel Draw	Ja, mit Plugin Silhouette connect	Ja, mit Plugin Silhouette connect	Ja, mit Plugin Silhouette connect	Ja, mit Plugin Silhouette connect
Kompatibel mit professioneller Schneide-Software	Nein	Nein	Nein	Nein
Maße (B × T × H), Gewicht	Ca. 41,3 cm × 14,2 cm × 11,4 cm, ca. 1,6 kg	Ca. 53,1 cm × 16,5 cm × 12,7 cm, ca. 3 kg	Ca. 57,1 cm × 21 cm × 15 cm, ca. 4,1 kg	Ca. 43,4 cm × 17 cm × 13,4 cm, ca. 3,4 kg

*Ohne Matte bedeutet lediglich, dass das zu schneidende Material auf einem eigenen Träger sitzen muss. Gänzlich ohne eine Schneideunterlage kann nicht geschnitten werden.
Quelle: www.hobbyplotter.de

Material und Werkzeug

Schneidematten

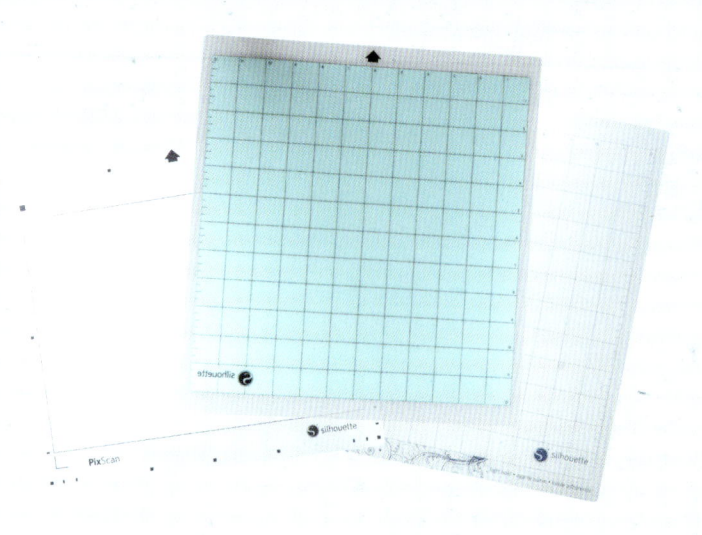

Die Maße von Materialien oder Schneidematten werden häufig in Inch (") angegeben. 1 Inch wird auch Zoll genannt und steht für 2,54 cm.

Auf dem Markt gibt es unterschiedliche Schneidematten für verschiedene Bedürfnisse:

- Normal haftende Schneideunterlage in 12" × 12" für die Silhouette CAMEO und in 8" × 12" für die Silhouette Portrait. Diese Schneideunterlage liegt dem Gerät bei und muss lediglich hin und wieder ersetzt werden.

- Leicht selbstklebende Schneideunterlage für dünne Materialien wie Druckerpapier oder Transparentpapier

- Doppelt große Schneidematte (12" × 24") für größere Projekte

- PixScan Matte zum Ausschneiden von bereits gedruckten Vorlagen

- Spezielle Matte zum Schneiden von Stempelmaterial

TIPP: Zu Beginn besitzt die normale Matte eine sehr starke Klebekraft. Dünne Papiere können Ihnen beim Lösen leicht reißen. Ein kleiner Tipp kann Abhilfe schaffen: Legen Sie die Matte mit der Klebeseite auf ein sauberes Stück Stoff. Die kleinen Fasern kleben auf der Matte und diese haftet nicht mehr ganz so stark. Wenn es dennoch mal zu stark klebt, hilft ein Rakel beim Lösen.

WICHTIG (!): Decken Sie die Klebefläche der Matte nach dem Gebrauch immer wieder mit der (blauen) Schutzfolie ab, damit sich kein Dreck auf der Klebefläche sammelt. Sollten Sie die Schutzfolie verlieren, verwenden Sie eine andere Folie, jedoch kein Backpapier. Backpapier ist gewachst und kann die Klebefähigkeit der Matte beeinflussen.

Sollte die Klebekraft der Matte nachlassen, spülen Sie diese unter lauwarmem Wasser ab und entfernen Sie von Hand kleine Papierreste und Fussel. Die Matte anschließend aufrecht an eine Wand lehnen und trocknen lassen. Ist die Matte ansonsten noch in Ordnung und weist keine zu großen Schnitte auf, können Sie die Matte mit **nicht-permanentem** Sprühkleber wieder auffrischen. Dafür die nicht klebenden Ränder mit Malerkrepp abkleben und die Klebefläche vorsichtig mit etwas Sprühkleber benetzen. Dann gut trocknen lassen und den Krepp entfernen.

Beim Schneiden entstehen zwangsläufig Schnittlinien, die das Schnittbild auf dem Papier unsauber wirken lassen. Von daher gehören Matten zu den Verbrauchsmaterialien und müssen in unregelmäßigen Abständen durch eine neue Matte ersetzt werden. Spätestens dann, wenn einmal komplett durch die Matte durchgeschnitten wurde. Ohne Probleme lässt sich eine normal klebende Schneidematte auch für einen Bruchteil des Preises einer Original-Matte selbst herstellen.

Schneidematte selbst herstellen

Material

- Windradfolie (auch Mobilefolie oder Kreativfolie genannt), 32,5 cm × 34,5 cm (normale Matte) oder 32,5 cm × 65 cm (lange Matte), 0,4 mm stark
- nichtpermanenter Sprühkleber
- Malerkrepp zum Abdecken der Ränder
- Permanent-Marker in Schwarz

1 Für die normal große Matte vom oberen und unteren Rand je 2 cm abmessen und eine Linie zeichnen. Von den Seiten je 1 cm abmessen und ebenfalls eine Linie zeichnen. Der innere Bereich beträgt nun 12" × 12" (30,5 cm × 30,5 cm). Bei der langen Matte ist die Innenfläche doppelt so hoch. Den Zwischenraum in 1" (2,54 cm) große Quadrate unterteilen. Wer eine alte Matte hat, kann diese als Vorlage unterlegen und die Linien abpausen.

2 Die Matte umdrehen, sodass die Markerlinien unten liegen. Die Ränder der Matte mit Krepp abkleben, dann die Innenfläche mit nichtpermanentem Klebstoff einsprühen. Zum Schluss den Krepp abziehen. Bei Nichtgebrauch die Klebefläche mit einer Folie abdecken.

Lässt die Klebekraft Ihrer selbstgemachten Matte nach, können Sie diese wie in Schritt 2 beschrieben wieder zum Kleben bringen.

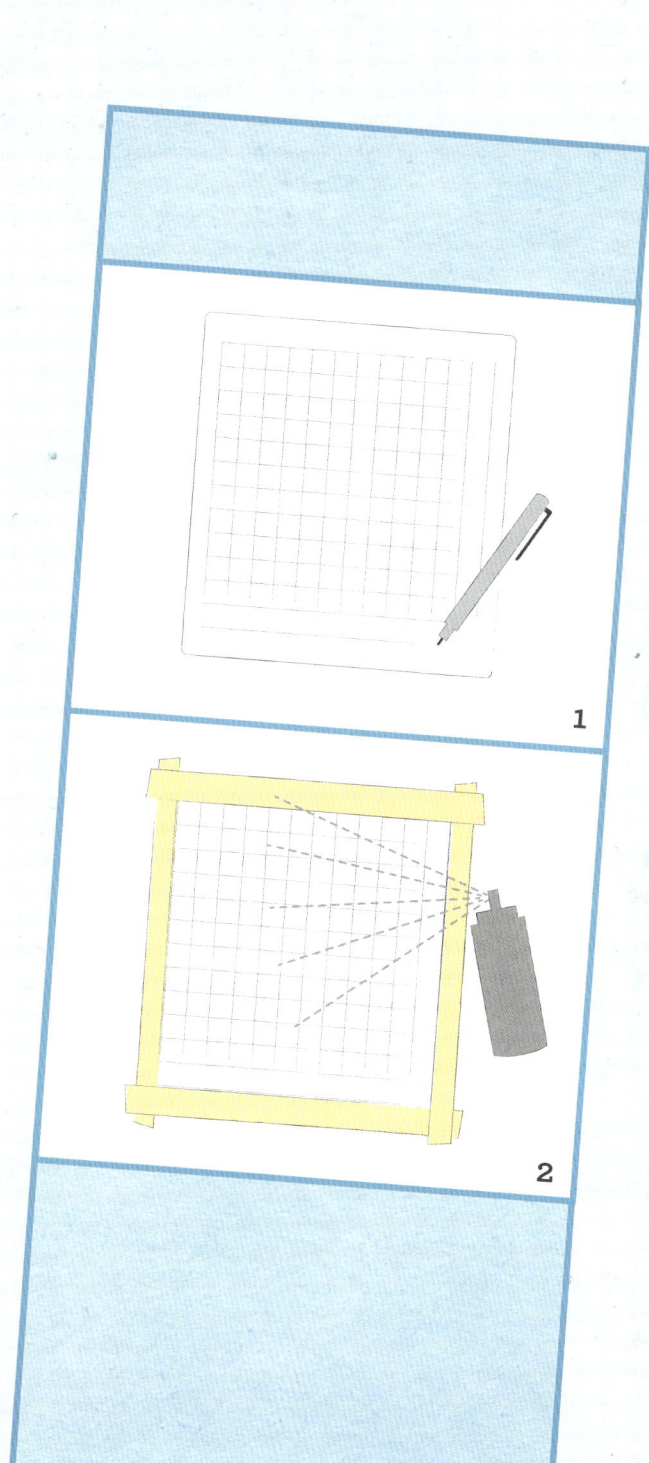

Messer für verschiedene Materialien

Bei den Messern ist der Markt etwas übersichtlicher als bei den unterschiedlichen Schneidematten. Man unterscheidet hauptsächlich den Winkel der Klinge. Normale Schneideklingen haben einen Winkel von 45°, zum Schneiden von stärkeren Materialien verwendet man eine Klinge mit einem Winkel von 60°. Zu beachten ist jedoch, dass das Messer durch die spitzere Klinge empfindlicher wird. Es kann leichter abknicken.

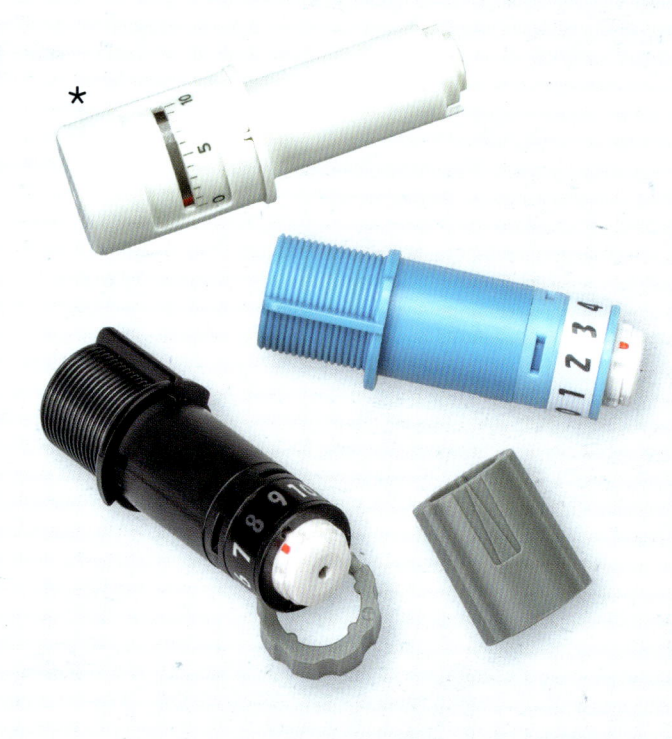

* Für die neue Silhouette CAMEO 3 gibt es ein automatisches Messer, d. h. die Messerlänge muss nicht mehr manuell eingestellt werden (s. S. 38).

WICHTIG (!): Wie bei einer Stoffschere auch, wird die Schneideklinge stumpf, wenn man sie zum Schneiden von Papier verwendet. Es empfiehlt sich also, ein Messer für Papierarbeiten zu verwenden und eines für alle anderen Materialien (z. B. Stempelsilikon, Stoff, Folien). Das Messer für Papier muss häufiger ersetzt werden, da es schneller stumpf wird.

Entgitterhaken

Sehr praktisch, wenn Sie mit Folien arbeiten wollen: Sie haben die Wahl zwischen einem original Silhouette Entgitterhaken, anderen Anbietern oder einem Haken aus dem Zahnarztbedarf.

Rakel

Zum Lösen von kleinen Papierresten und zum Anbringen von Folien benötigen Sie einen Rakel. Hierfür können Sie eine alte Kreditkarte, einen Eiskratzer oder einen speziellen Folienrakel verwenden. Letzterer hat oft eine zweite, weichere Filzkante, mit der Folien beim Aufkleben nicht verkratzen.

Schneideleiste

Trotz Verwendung von Schneidematten oder Trägerfolien (z. B. bei Vinylfolien) unter dem zu schneidenden Material, zeigt die Schneideleiste nach längerem Gebrauch einen tiefen Kratzer. Dann ist es Zeit für einen Wechsel.

Material

Papiere, Vinylfolien, Schablonenfolien, Aufbügelfolien, Magnetpapier, Tattoopapier oder Stempelmaterial runden das Materialprogramm ab und eröffnen schier unglaubliche Möglichkeiten. Auf diese einzelnen Verbrauchsmaterialien wird aber bei den entsprechenden Projekten genauer eingegangen.

Stifte

Ein Plotter kann nicht nur schneiden, sondern – mit den entsprechenden Stiften – auch zeichnen. Zum einen gibt es spezielle Stifte, die in die Halterung für das Messer eingesetzt werden, wie z. B. die Silhouette Skizzenstifte (Sketch Pens). Zum anderen gibt es Halterungen, mit deren Hilfe man normale Stifte verwenden kann. Wer nur selten mit Stiften arbeitet, kann auch normale Gelstifte mithilfe von Papier- und Klebestreifen verstärken (siehe schwarzer Stift rechts) und somit an den Durchmesser des Stiftehalters anpassen.

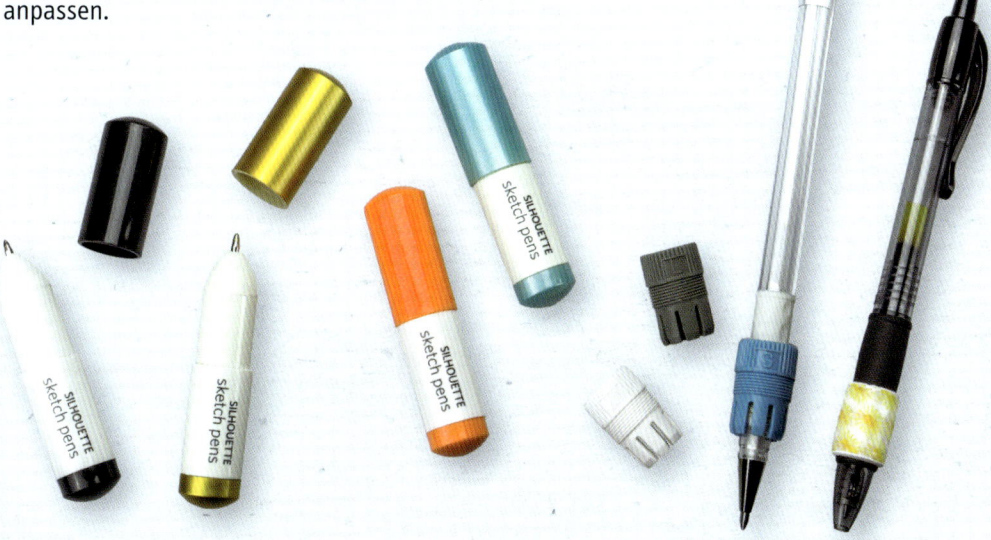

Erste Schritte

Maschine und Software

Nachdem Sie den Plotter aus der Verpackung genommen haben, platzieren Sie diesen auf einem Tisch. Vor und hinter dem Gerät sollten jeweils 30 cm Platz sein. Nur so kann sich die Matte später frei bewegen. Entfernen Sie alle Klebestreifen, öffnen Sie den vorderen Deckel und entfernen Sie innen die weiteren Klebestreifen und den Schaumstoff. Schließen Sie das Gerät noch nicht an.

Legen Sie die beigefügte CD in das CD-ROM-Laufwerk Ihres Computers ein. Der Installationsprozess wird bei einem PC automatisch gestartet, die Software leitet Sie durch den Prozess. Bei einem Mac muss der Installationsprozess manuell durch das Kopieren des Silhouette Studio Programm-Symbols in das Programm-Verzeichnis des Macs gestartet werden. Sofern Ihr Computer kein CD-ROM-Laufwerk mehr besitzt, können Sie Silhouette Studio auch hier herunterladen: *www.silhouetteamerica.com/software*. Die passende Sprache können Sie nachträglich unter *Edit > Preferences (Bearbeiten > Voreinstellungen)* und dann rechts unter *General > Language (Allgemein > Sprache)* wählen. Bei einem MAC verbergen sich die Voreinstellungen oben links unter *Silhouette Studio.* Alternativ können Sie für Einstellungen auch unten rechts auf das Zahnrad klicken.

Nach der Installation des Programms verbinden Sie den Plotter zunächst mit dem Netzanschluss, dann mit dem Computer. Schalten Sie die Maschine an (⏻). Ihr PC wird eine neue Hardware erkennen, die Sie gemäß den Anweisungen bestätigen müssen.

Ihr Gerät ist bereit. Sie können Silhouette Studio öffnen und loslegen. Sie werden diese Seite sehen:

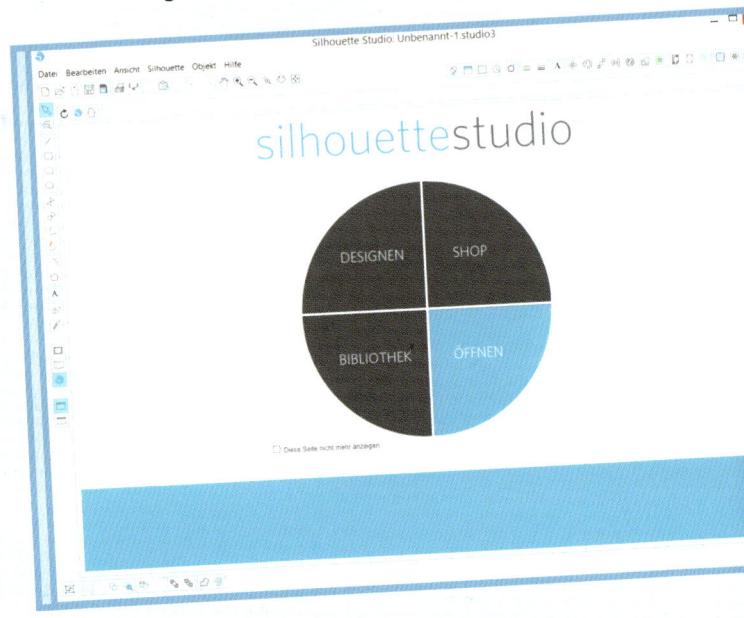

Sie haben die Wahl zwischen vier Möglichkeiten:

Designen
Sie erhalten eine leere Seite und können eigene Designs entwerfen (s. S. 13).

Shop
Sie werden direkt mit dem Silhouette Online Store verbunden und können fertige Designs kaufen (s. S. 16).

Bibliothek
Das Programm öffnet die von Ihnen gespeicherten Designs in der Bibliothek (s. S. 18).

Öffnen
Öffnet auf dem PC (nicht in der Bibliothek) gespeicherte Designs (s. S. 20).

Designen

Sofern Sie sich für „Designen" entscheiden und links oben die Fläche auswählen, erscheint diese Seite:

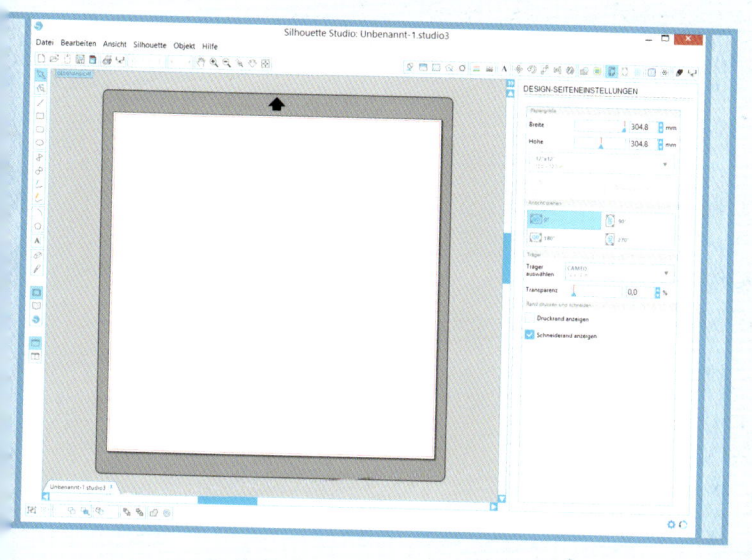

WICHTIG (!): Je nachdem, welchen Plotter Sie anschließen, ändert sich die Ansicht der Software leicht (z. B. eine oder zwei Halterungen bei Schnitteinstellungen sichtbar, s. S. 78).

Werkzeuge oben links

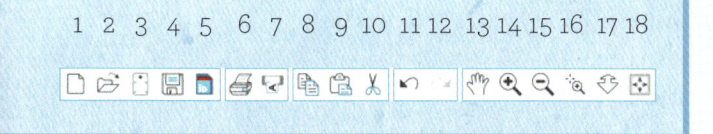

1 2 3 4 5 6 7 8 9 10 11 12 13 14 15 16 17 18

Für einige der Werkzeuge gibt es Tastenkürzel. Die Nützlichsten sind in Klammern ergänzt (bei einem Mac wird statt Strg immer Cmd gedrückt).

1. Eine leere Seite wird geöffnet. Diese sehen Sie am unteren Rand. Bevor Sie einen Namen für Ihre Datei vergeben, heißt sie „Unbekannt-_.studio_".
2. Öffnet eine Datei von Ihrem PC.
3. Öffnet ein PixScan-Bild (s. S. 52).
4. Speichert Ihre .studio-Datei auf dem PC (nicht in der Bibliothek) (Strg + S).
5. Speichert Ihre Datei auf einer SD-Karte, die direkt seitlich am Plotter angeschlossen werden kann (neue Modelle arbeiten mit einem USB-Stick).
6. Druckfähige Designs auf der virtuellen Schneidematte können an Ihren Drucker gesendet werden.
7. Alle Schnittlinien auf der virtuellen Schneidematte werden an den Plotter gesendet (s. a. Nr. 22 Werkzeuge oben rechts [S. 14]).
8. Kopiert das ausgewählte Objekt (Strg + C).
9. Fügt die kopierten Daten wieder ein (Strg + V).
10. Kopiert das ausgewählte Objekt und entfernt es. Auch Ausschneiden genannt (Strg + X).
11. Macht den letzten Schritt rückgängig (Strg + Z).
12. Stellt den zuletzt rückgängig gemachten Schritt wieder her (Strg + ⇧ + Z).
13. Mit der Maus kann die Arbeitsfläche verschoben werden (Leerzeichen gedrückt halten, während man die gedrückte Maus bewegt).
14. Vergrößert die Seitenansicht.
15. Verkleinert die Seitenansicht.
16. Zum Vergrößern bestimmter Bereiche: Dazu mit gedrückter Maus über den entsprechenden Bereich fahren.
17. Ein weiteres Zoomwerkzeug. Zum Vergrößern die gedrückte Maus nach rechts unten ziehen, zum Verkleinern nach links oben schieben.
18. Die gesamte Arbeitsfläche wird im Fenster wieder sichtbar.

Werkzeuge oben rechts

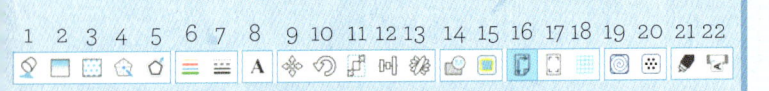

1 2 3 4 5 6 7 8 9 10 11 12 13 14 15 16 17 18 19 20 21 22

1–3 Öffnet jeweils ein Fenster für Füllfarben, Farbverläufe und Muster. Damit können Formen mit Mustern zum späteren Druck gefüllt werden. Über „Erweiterte Optionen" in dem Fenster können dann Größe etc. genau festgelegt werden.

4 Öffnet ein Fenster für Effekte. Damit lässt sich die Qualität von Fotos etwas verbessern. Das Beispielfoto unten wurde mithilfe von „Kontrast, Helligkeit & Sättigung" etwas verbessert.

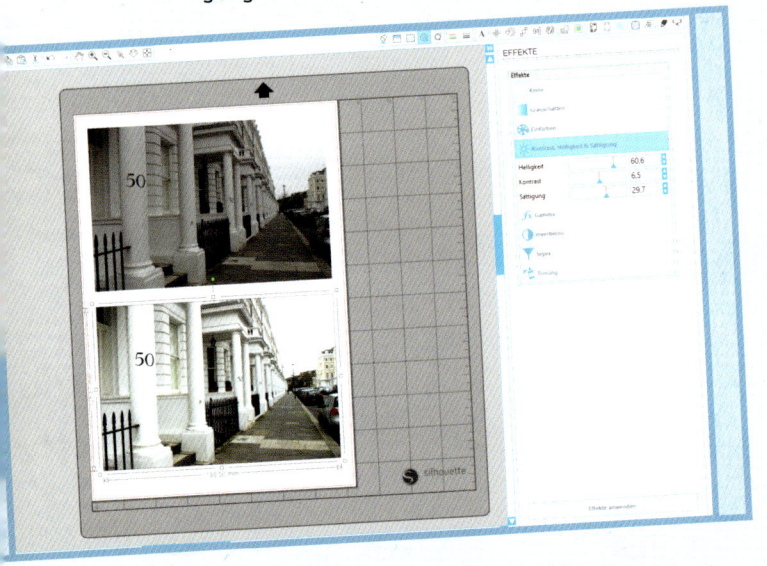

5 Offset bildet eine Schnittkante innerhalb oder außerhalb einer vorhandenen Linie (Schnittkante, Linie zum Druck oder um ein Foto herum).

6 Öffnet ein Fenster zum Ändern der Linienfarbe. Ob es sich bei den Linien um eine Schneidelinie oder um eine zu druckende Linie handelt, wird dabei noch nicht festgelegt.

7 Öffnet ein Fenster zum Festlegen der Linienstärke (2 mm, 4 pt etc.) und der Art der Linie (durchgehende Linie, gestrichelte Linie).

8 Öffnet ein Fenster zum Anpassen der Schriftart und Größe. Dazu muss vorher ein Text (A) geschrieben werden. Den Text mit Doppelklick auswählen, dann mit der Maus über alle Buchstaben fahren und die gewünschte Textart sowie -größe auswählen.

9–12 Wer mit genauen Koordinaten und Maßen arbeitet, wird dieses Werkzeug lieben. Damit können Objekte millimetergenau verschoben, um festgelegte Winkel gedreht, genau vergrößert bzw. verkleinert oder exakt ausgerichtet werden (z. B. mittig).

13 Öffnet ein Fenster zum Replizieren von Objekten. Dabei kann sogar festgelegt werden, ob das Objekt gespiegelt oder um welchen Wert es verschoben werden soll.

14 Öffnet ein Fenster zum Modifizieren der Formen, z. B. zum Verschweißen mehrerer Formen, zum Bilden einer Schnittmenge oder zum Verknüpfen von Formen.

15 Öffnet ein Fenster zum Nachzeichnen von Formen (z. B. von Fotos).

16 Mit den Seiteneinstellungen können Papierformat und -maße eingestellt werden (z. B. A4, 12" × 12" usw.).

17 Für Print & Cut benötigt man Registrierungsmarken, damit der Plotter sich beim Schneiden an den aufgedruckten Marken orientieren kann und an den geplanten Stellen schneidet.

18 Wer gerne mit einem Raster (vielleicht sogar mit magnetischen Linien) arbeitet, kann das Raster an dieser Stelle festlegen.

19–20 Werkzeuge zum Arbeiten mit der Curio: Damit kann Papier geprägt oder mit einem Kornraster (gelocht) versehen werden.

21 Öffnet das Fenster zum Festlegen der Schnitteinstellungen, z. B. welche Linie soll perforiert werden, welche geschnitten, welches Material wird geschnitten, ein oder zwei Schneidedurchgänge.

22 Alle Schnittlinien auf der virtuellen Schneidematte werden an den Plotter gesendet (s. a. Nr. 7 Werkzeuge oben links [S. 13]).

Werkzeuge unten

Einige dieser Werkzeuge befinden sich auch in den Fenstern rechts oben. Da sie aber häufiger genutzt werden, haben sie zur schnelleren Verfügung noch einen Platz am linken unteren Rand gefunden.

1 Mehrere Formen können zum einfacheren Weiterarbeiten gruppiert werden.

2 Hebt die Gruppierung wieder auf.

3 Markiert alle Formen auf und neben der virtuellen Zeichenfläche (alles auswählen) (Strg + A).

4 Hebt die Markierung wieder auf.

5 Wer mit verschiedenfarbigen Linien arbeitet, kann Linien einzelner Farben auswählen.

6 Dupliziert die ausgewählten Linien (Strg + D).

7 Löscht die ausgewählten Linien wieder (entf).

8–9 Verschiebt die ausgewählte Form in den Vordergrund bzw. in den Hintergrund.

10 Verschweißt mehrere ausgewählte Formen zu einer Form.

11 Öffnet das Offset-Fenster (s. a. Nr. 5 Werkzeuge oben rechts [S. 14]).

Werkzeuge links

1 Einfacher Pfeil zum Auswählen und Verschieben.

2 Öffnet das Punkte-Editieren-Fenster, z. B. Hinzufügen, Löschen, Erstellen von Kurven.

3 Linien zeichnen. Durch Halten der Shift-Taste werden die Linien genau waagerecht, senkrecht oder diagonal.

4 Rechteck zeichnen. Durch Halten der Shift-Taste werden Quadrate gezeichnet.

5 Rechteck mit abgerundeten Ecken. Durch Halten der Shift-Taste werden wieder Quadrate gezeichnet.

6 Ellipsen bzw. Ovale zeichnen. Durch Halten der Shift-Taste werden die Ovale zu genauen Kreisen.

7–8 Zeichnet Punkte, die durch Linien bzw. Bögen verbunden werden. Durch einen Klick auf den Startpunkt wird die Form geschlossen. Alternativ wird die Form durch Doppelklick beendet.

9 Freihandzeichnen von Linien. Erzeugt viele Punkte, die man mit dem Editieren-Werkzeug (Nr. 2) bearbeiten kann.

10 Freihandzeichnen von Bögen. Die Punkte bekommen Anker, die man nachträglich noch verändern kann.

11 Zeichnet Bögen (ähnlich Kuchenstücken), die Winkel können dabei genau bestimmt werden.

12 Zeichnet Vielecke. Die Anzahl der Ecken kann innerhalb der gezeichneten Form angepasst werden.

13 Textwerkzeug. Öffnet außerdem das Textstil-Werkzeug zum Bearbeiten der Texte.

14 Öffnet das Radierer-Fenster. Sie können einzelne Linien oder Flächen radieren.

15 Öffnet das Messer-Fenster. Sie können Linien oder auch Flächen gerade oder frei abschneiden.

16–18 Wechselt zwischen der Zeichenfläche, der Bibliothek (s. S. 18) und dem direkten Zugang zum Silhouette Online-Store (s. S. 16).

19–20 Wechselt zwischen einem gesamten Bildschirm und einem geteilten Bildschirm (z. B. links Online Store, rechts Zeichenfläche).

Shop (und weitere Bezugsquellen für Designs)

Beim Öffnen der Studio-Software bekommen Sie vier Möglichkeiten: Designen, Shop, Bibliothek und Öffnen. Sofern Sie sich für das zweite Feld entscheiden, werden Sie direkt mit dem Silhouette Online Store verbunden und können dort Designs kaufen. Alternativ erreichen Sie den Online Shop auch über die entsprechende Schaltfläche (🅢) am linken Rand.

Ihr Studio sieht dann ungefähr so aus:

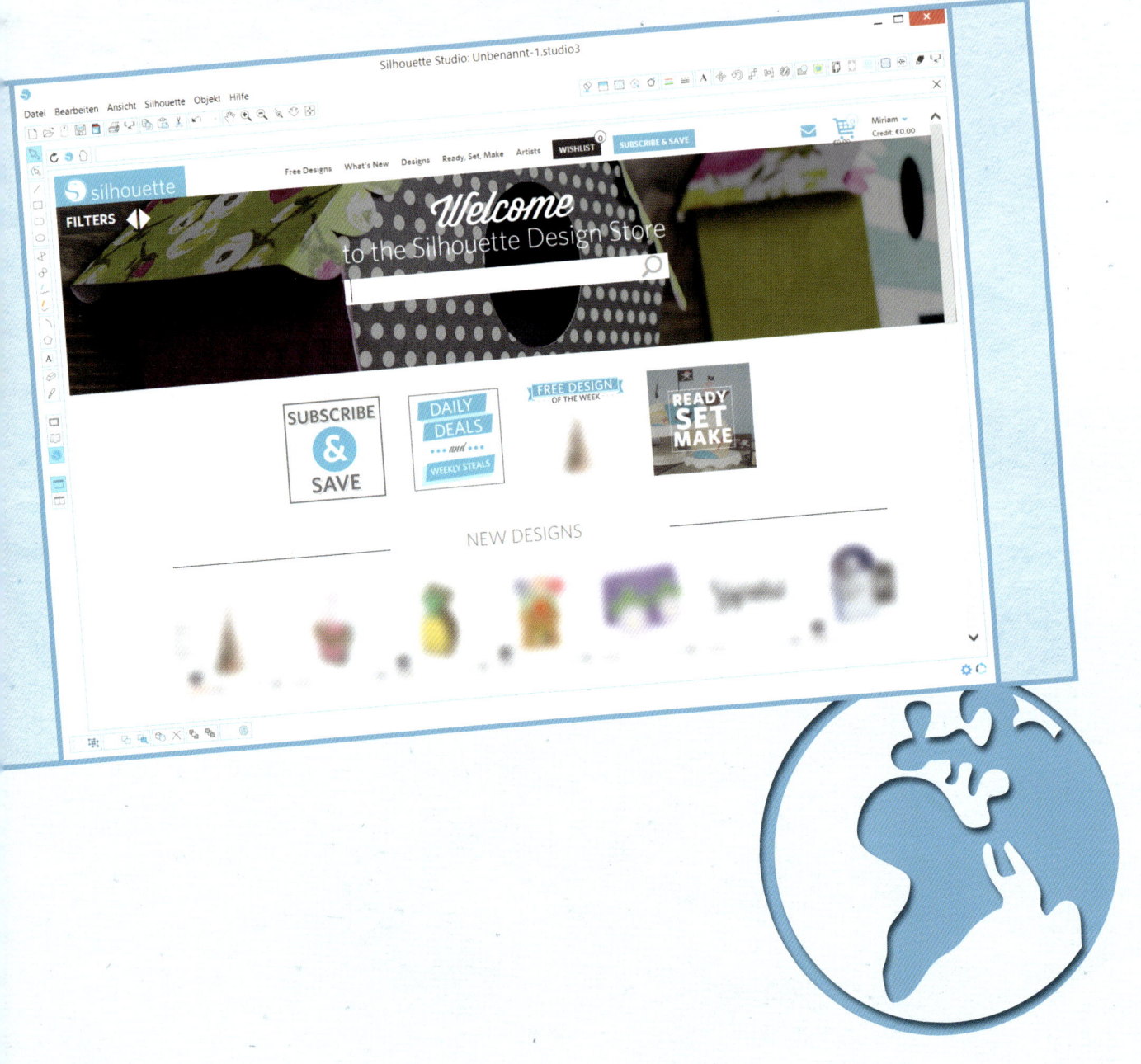

Sie können nun Designs im Einkaufskorb sammeln und kaufen, eine Wunschliste anlegen, nach kostenlosen Designs suchen etc. Durch die Filter (links unter dem Logo) können Sie die Suche nach Designs einschränken und z. B. nur nach Schachteln oder Sketches suchen.

TIPP: Jede Woche gibt es ein (oder auch mehrere) Design(s) zum kostenlosen Download. Vergessen Sie nicht, das jeweilige Motiv in Ihre Bibliothek zu laden.

Leider stößt der Online Store bei der deutschen Sprache an seine Grenzen. Bei der Suche nach „Ananas" werden z. B. neun Bilder mit Bananen angezeigt. Bei der Suche nach „Pineapple" hingegen werden über 40 Ananas angeboten.

Wo bekommt man sonst noch Designs für den Plotter her?
Eine gute Quelle ist Pinterest. Wenn Sie Suchbegriffe wie „(free) silhouette files" oder „(free) plotter files" eingeben, werden Sie mit Ergebnissen zu kostenlosen und kommerziellen Anbietern geradezu erschlagen. Viele Blogger bieten Designs zum kostenlosen Download an. Die Verlinkungen finden Sie ebenfalls häufig auf Pinterest. Verwenden Sie englische Suchbegriffe, erhalten Sie eine größere Auswahl.

Auch Google bietet sich für die Suche nach kostenlosen und kommerziellen Anbietern von Plotterdateien an. Bei der Suche mit englischen Begriffen ist auch hier die Auswahl viel größer. Wenn Sie den Begriff „Coloring page" mit in Ihre Suche aufnehmen, werden Ihnen Ausmalseiten für Kinder angezeigt. Dies sind dann keine Dateien, die einfach geschnitten werden können. Meist müssen sie erst durch Nachzeichnen (s. S. 27) umgewandelt werden. Aber auch hier können Sie auf tolle Motive stoßen.

Mittlerweile gibt es einige Online-Shops, die Plotterdateien verkaufen. Dies ist nur eine kleine Auswahl der vorhandenen Shops. Google hilft auch hier bei der Suche nach weiteren Shops:

www.svgcuts.com
www.huups.de
www.plottermarie.de
www.dawanda.de
www.etsy.com
www.alles-fuer-selbermacher.de
www.misscatecuttables.com

Weiterhin gibt es Shops, die zwar keine direkten Plotterdateien verkaufen, die jedoch Vektordateien zum Kauf anbieten, die man zum Plotten verwenden kann. Dazu im Suchfeld „Vector files" eingeben:

www.creativemarket.com

Tolle Plotterdateien „verstecken" sich in so mancher Schriftart. Wingdings und Webdings sind nur zwei Schriftarten, die sich eigentlich aus verschiedenen Zeichen zusammensetzen. Unter den Stichworten „Symbols" oder „Dingbats" werden Sie am ehesten auf tolle Motive stoßen. Kostenlose und käuflich zu erwerbende Schriften gibt es zum Beispiel bei:

www.dafont.com
www.myfont.de
www.creativemarket.com

Bibliothek
(und speichern generell)

Wenn Sie die Schaltfläche Bibliothek wählen, werden Sie direkt in diese weitergeleitet. Dort finden Sie alle im Silhouette Online Shop gekauften Dateien und alle Dateien, die Sie dort selbst gespeichert haben. Durch einen Doppelklick auf das Bild öffnen Sie die Datei. Die Bibliothek bietet zwar eine Vorschau für die Dateien, allerdings werden keine Infos zur eingerichteten Seite gespeichert (z. B. Größe des Motivs, Art der Linien oder Voreinstellungen zum Schneiden). Das Programm öffnet Ihnen einfach die Datei. Die Arbeitsfläche müssen Sie manuell anlegen.

An dieser Stelle ist es sicherlich interessant, generell über die Speichermöglichkeiten im Studio zu sprechen. Grundsätzlich ist es wichtig, regelmäßig den aktuellen Stand zu speichern. Nichts ist ärgerlicher, als wenn nach stundenlanger Arbeit plötzlich die Datei verschwunden ist.

Sie haben unterschiedliche Möglichkeiten, Ihre Daten zu speichern: in der Bibliothek, auf der Festplatte, auf einer SD-Card oder einem USB-Stick (direkte Anschlussmöglichkeit an manchen Geräten).

Zum Speichern in der Bibliothek wählen Sie *Datei > Sichern als > In Bibliothek speichern …*

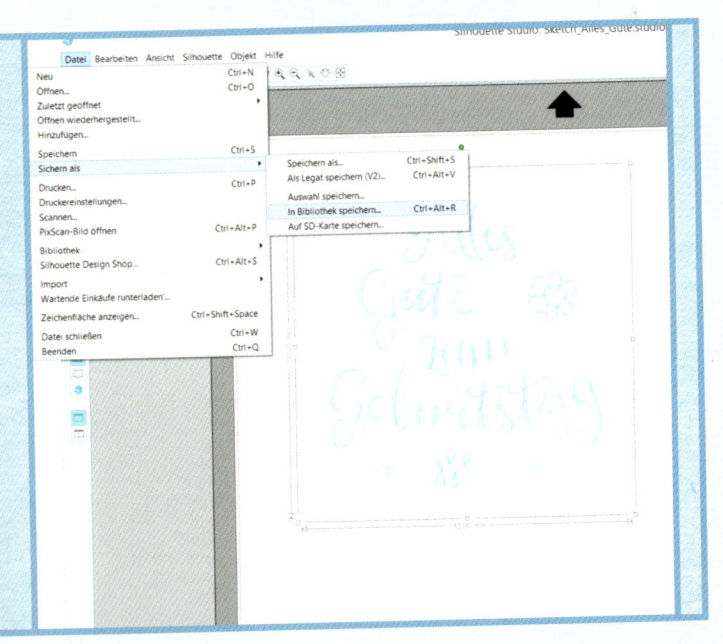

Die Datei wird dann automatisch in dem Ordner „Meine eigenen Entwürfe" abgelegt. Von dort können Sie die Designs manuell in Ihre Unterordner verschieben. Das Design mit der Maus anwählen und bei gedrückter Maustaste auf den jeweiligen Unterordner ziehen, dort loslassen. Sollte Ihnen die Übersicht mit „Meine eigenen Entwürfe" nicht angezeigt werden, klicken Sie auf Einzelbildschirm ( ) in der linken Leiste. Sie sehen dann die Inhalte des gewählten Ordners. Auf der rechten Seite können Sie noch die Eigenschaften der Designs bearbeiten und individuelle Informationen hinterlegen, z. B. kommerzielle Nutzung, Schachtel, Sketch Pen, nichtkommerzielle Nutzung oder Design von *www.mirid.de* (mein Blog).

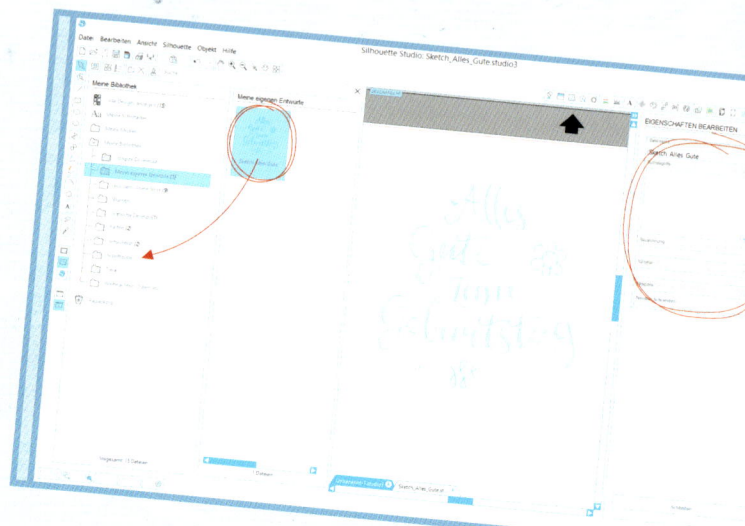

Zum Anlegen von neuen Unterordnern mit der rechten Maustaste *Meine Bibliothek > Neuer Ordner* auswählen, dann dem Ordner einen Namen geben. Mit Klick der rechten Maustaste können Sie den Ordner später umbenennen oder löschen. Die beiden grau unterlegten Ordner lassen sich nicht umbenennen oder löschen, genauso wenig wie sich die 50 Designs entfernen lassen, die kostenlos mit dem Programm kommen (beim nächsten Neustart nach dem Löschen sind alle wieder da). Falls Sie die Designs stören, legen Sie diese in einen separaten Ordner.

Von der Bibliothek sollten Sie regelmäßig eine Sicherheitskopie auf dem PC und – noch sicherer – auf einer externen Festplatte machen. Dazu die Befehle *Datei > Bibliothek > Bibliothek importieren* wählen, den Speicherplatz wählen und speichern. Bei einem Umzug auf einen neuen PC können Sie die Daten dann über *Datei > Bibliothek > An Bibliothek importieren* wieder einfügen.

Beim Speichern in der Bibliothek sind nur die Linien zu erkennen. Dies kann bei komplizierten Formen oder sehr ähnlichen Schneidedateien zu Problemen führen. Machen Sie ein Foto vom fertigen Projekt, fügen Sie dieses über *Datei > Hinzufügen* Ihrer Schneidedatei hinzu und ziehen Sie es so groß, dass es die Seite – und somit auch die Schneidelinien – überdeckt (siehe unten). Beim Speichern in der Bibliothek wird Ihnen das Foto angezeigt. Sie haben nun eine prima Vorschau. Beim Öffnen müssen Sie das Foto nur entfernen und können dann Ihre Datei schneiden.

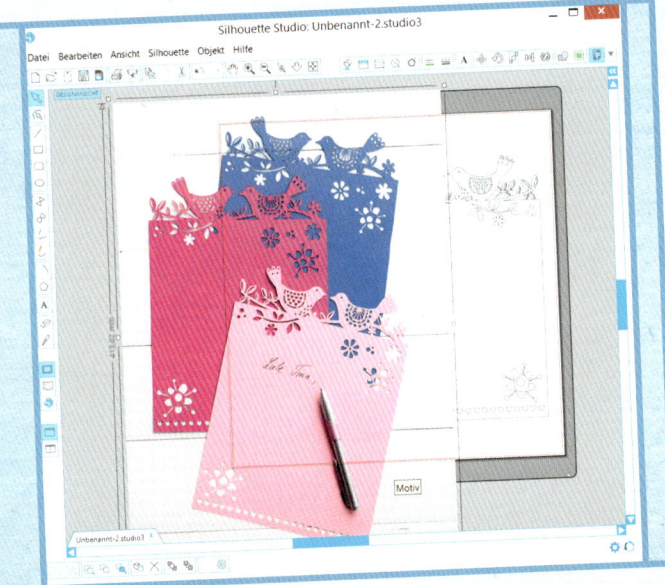

Im Vordergrund ist das Foto zu sehen, dahinter liegen die Schneidelinien.

Speichern auf der Festplatte

Durch den Befehl *Datei > Sichern als > Speichern als … (Strg + S)* können Sie die Dateien auf Ihrer Festplatte speichern: Ordner auswählen, Dateinamen vergeben und mit *OK* bestätigen. Der Vorteil beim Speichern auf der Festplatte ist, dass sich die Datei Ihre Voreinstellungen merkt (definierte Schneidelinien, Größe der Arbeitsfläche etc.). Dafür fehlt jedoch ein Vorschaubild. Das Problem des fehlenden Vorschaubildes können Sie mit einem kleinen Trick umgehen. Speichern Sie ein Foto des fertigen Projektes mit dem gleichen Namen im gleichen Ordner. Dann stehen Foto und Datei direkt nebeneinander und Sie haben eine Vorschau.

Speichern auf SD-Karte oder USB-Stick

Die älteren Schneideplotter verfügen noch über einen SD-Eingang. Hiermit kann die Maschine unabhängig vom PC betrieben werden. Die Daten über *Datei > Sichern als > Auf SD-Karte speichern…* auf der SD-Karte speichern. Sie erhält die Endung .gsp. Wenn Sie die SD-Karte am Plotter am rechten Rand (neben den Anschlüssen für Strom und PC) in den Slot schieben, können Sie die Daten über den Bildschirm auf der Vorderseite aufrufen und schneiden lassen. Die neuen Schneideplotter verfügen über einen USB-Eingang und können die Studio-Dateien direkt am Gerätebildschirm wiedergeben.

Als Legat speichern

Diese Funktion ermöglicht es Ihnen, Ihre Daten in der Vorgängerversion abzuspeichern, damit sie von älterer Software aufgerufen werden können. Gleichzeitig können die Daten auch auf der aktuellen Version geöffnet werden.

Öffnen (und Dateiformate)

Wenn Sie „Öffnen" wählen, öffnet das Programm eine leere, virtuelle Arbeitsfläche und danach einen Ordner von Ihrem Rechner. Sie entscheiden sich für eine Datei, die dann geöffnet wird. Dabei kann man sich für Vektordateien (studio, dxf, gsd) zum Schneiden von Dateien oder für Pixeldateien (png, jpg, bmp, gif, tif) zum Darstellen und Drucken von Bildern entscheiden. Diese unterschiedlichen Dateiformate kann das Studio problemlos laden. Studio-Dateien sind ein speziell entwickeltes Format für Silhouette-Plotter.

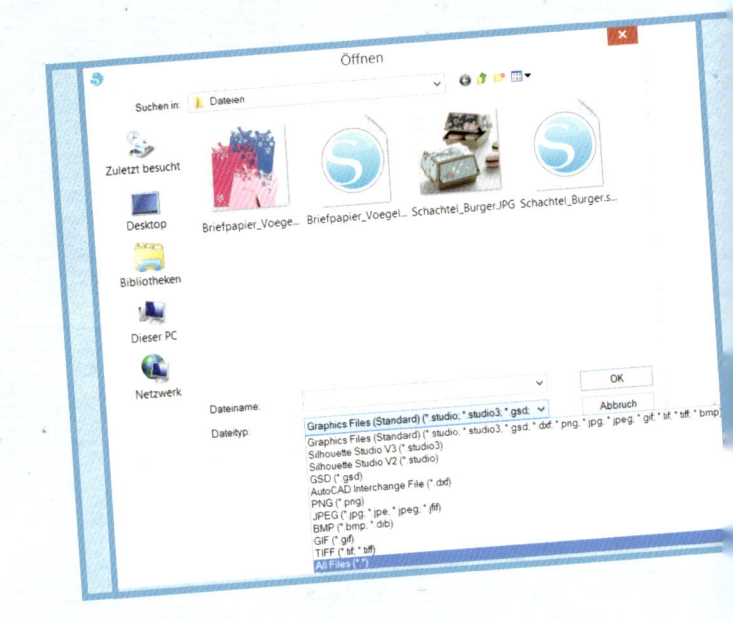

Hier eine Übersicht der wichtigsten Dateiformate

studioV3	Ein von Silhouette entwickeltes Dateiformat. Wählen Sie dieses Format beim Speichern abhängig von Ihrer Silhouette Studio Version (z. B. V3). Ältere Formate können von neueren Software-Versionen geöffnet werden (z. B. Studio V2 in V3). Neuere Formate können hingegen nicht in älteren Versionen geöffnet werden (s. S. 19, als Legat speichern). Achtung: Ein Verkauf von Dateien im Studio-Format ist gemäß Silhouette-Richtlinien nicht erlaubt.	Vektor- oder Pixeldaten
dxf*	Drawing Interchange Format, explizit für den Austausch von Vektordaten entworfen. Fast alle vektorbasierten Programme können dxf-Daten lesen. Kann direkt vom Studio geöffnet, jedoch nicht gespeichert werden. Falls Sie dxf-Vorlagen aus dem Buch bearbeiten, können Sie diese in der Bibliothek oder als studio-Datei auf Ihrem PC speichern.	Vektordaten
svg*	Scalable Vector Graphics können vom Studio (in der Standardversion) nicht geöffnet werden, ein Umweg ist notwendig. Der einfachste Weg, eine svg-Datei umzuwandeln, ist der Umweg über das Programm „Inkscape", einem kostenlosen Open Source Programm. Das Programm unter www.inkscape.org runterladen und installieren. Dann über *Öffnen* die entsprechende Datei aufrufen, alle Objekte markieren und *Objekt > Gruppierung aufheben* wählen. Über *Datei > Speichern unter ...* ablegen, als Dateityp „dxf" wählen und mit *Speichern* bestätigen. Die dxf-Datei kann im Studio geöffnet werden, allerdings stimmen die Maße meist nicht mehr, können aber über das Skalieren-Werkzeug wieder auf die richtige Größe gebracht werden. Übrigens: Die Design Edition und die Business Edition von Silhouette Studio können svg-Dateien öffnen.	Vektordaten

gsp	Giza Specifier Project File, beim Speichern auf der SD-Karte wird ein gsp-Format erzeugt. Dieses kann von den älteren CAMEO-Modellen direkt am Gerät gelesen werden. Neue Geräte lesen die Studio-Dateien direkt über den USB-Anschluss.	Vektordaten
gsd	Graphtec Vector Graphic Data, ein Dateiformat für Schneideplotter. Gsd-Dateien können über das Studio geöffnet, aber nicht selbst erzeugt werden.	Vektordaten
pdf*	Portable Document Format, Umwandlung durch „Inkscape", siehe svg-Dateien.	Vektor- oder Pixeldaten
eps	Encapsulated Post Script, der Umweg über Inkscape funktioniert hier leider nicht, man muss den Umweg über ein anderes Programm gehen, um ein Dateiformat zu erzeugen, das von Inkscape oder vom Studio direkt geöffnet werden kann. Das Internet bietet unter dem Stichwort „Online Converter EPS" eine Reihe von Lösungen. Seien Sie aber vorsichtig beim Runterladen von irgendwelchen Programmen oder beim Verbinden Ihrer Dropbox mit irgendwelchen Cloud-Anbietern im Netz. Für häufiges Arbeiten mit eps-Daten lohnt sich die Anschaffung der Business Edition. Mit ihr kann man eps-Dateien direkt öffnen.	Vektor- oder Pixeldaten
png	Portable Network Graphics, Dateiformat, das sich im Studio öffnen lässt. Es eignet sich zum Darstellen von Fotos (z. B. Print & Cut) oder zum Nachzeichnen.	Pixeldaten
jpg	Joint Photographic Experts Group, Dateiformat, das sich im Studio öffnen lässt. Es eignet sich zum Darstellen von Fotos (z. B. Print & Cut) oder zum Nachzeichnen.	Pixeldaten
gif	Graphics Interchange Format, Dateiformat, das sich im Studio öffnen lässt. Es eignet sich zum Darstellen von Fotos (z. B. Print & Cut) oder zum Nachzeichnen.	Pixeldaten
tif	Tagged Image File Format, Dateiformat, das sich im Studio öffnen lässt. Es eignet sich zum Darstellen von Fotos (z. B. Print & Cut) oder zum Nachzeichnen.	Pixeldaten

*Alle Vorlagen aus diesem Buch liegen in den Formaten dxf, scg und pdf vor. Sie können hauptsächlich mit dem dxf-Format arbeiten und die pdf-Dateien zur schnellen Übersicht im Vorschaumodus herunterladen. Pdf-Dateien sind außerdem mit den meisten Programmen kompatibel. Öffnet Ihre Software auch svg-Dateien, so sind diese zu empfehlen.

Silhouette Studio:
Fünf Schritt-für-Schritt-Projekte

Die meisten grundlegenden Funktionen der Studio-Software kann man anhand von wenigen – in diesem Fall fünf – Projekten erklären. Wenn Sie diese Projekte einfach Schritt für Schritt nachbauen, beherrschen Sie schon viele der grundlegenden Funktionen.

Lesezeichen entwerfen

Lernziel: Gruppieren, verschmelzen, skalieren, zentrieren, Punkte editieren.

1 Öffnen Sie das Studio-Programm und über *Designen* ein leeres DIN A4-Dokument. Die Seitengröße können Sie ggf. unter Design-Seiteneinstellungen ( ) rechts oben anpassen.

2 Über die Funktion *Ein Rechteck zeichnen (1)* zeichnen Sie ein hochformatiges Rechteck, indem Sie die Maus gedrückt halten und von links oben nach rechts unten ziehen. Markieren Sie dies mit dem *Auswählen-Werkzeug (2)*. Es soll die Maße 5 cm × 12 cm haben. Um die genauen Maße einzugeben, öffnen Sie das *Skalieren-Fenster (3)* und entfernen das Häkchen aus dem Feld *Seite schließen (4)*. Mit Häkchen wird Ihre gezeichnete Form proportional verändert, d. h. Sie können nur die Höhe oder nur die Breite ändern, das andere Maß wird automatisch angepasst. Ohne Häkchen können Sie nun die Breite und Höhe Ihrer Form frei festlegen (5). Bestätigen Sie mit Enter.

3 Wählen Sie nun die Funktion *Duplizieren (1)* oder alternativ die Tastenkürzel Strg + C, dann Strg + V und verteilen Sie drei Rechtecke auf Ihrer Seite. Alle Rechtecke sollen nun unterschiedliche Köpfe bekommen. Die Formen unter *Datei > Sichern als > Speichern als …* auf der Festplatte speichern.

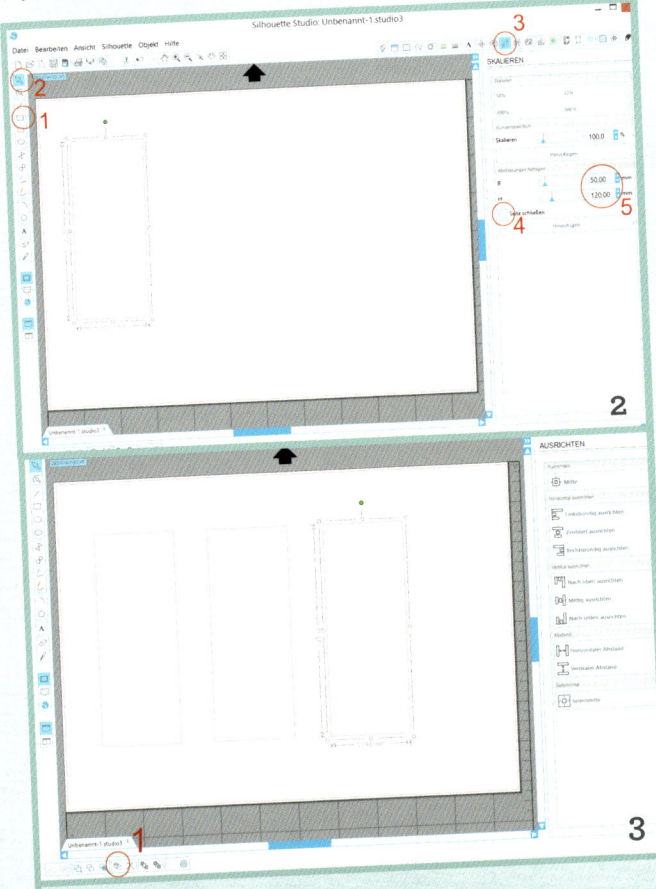

4 Um die Ecken beim ersten Lesezeichen abzuschneiden, wählen Sie zunächst *Ein Rechteck zeichnen (1)*, halten Sie die Shift-Taste (⇧) auf Ihrer Tastatur gedrückt und zeichnen Sie ein Viereck. Durch die gedrückte Shift-Taste wird das Rechteck zum Quadrat. Markieren Sie das Quadrat mit dem *Auswählen-Werkzeug (2)*, halten Sie erneut die Shift-Taste gedrückt (⇧) und greifen Sie dann mit der Maus den grünen Punkt (3), um das Projekt zu drehen. Ziehen Sie den Punkt nach rechts unten. Durch das Drücken der Shift-Taste rastet das Objekt nach 45° leicht ein. Wenn Sie es dann loslassen, steht das Quadrat – wie auf der Abbildung – auf der Spitze. Greifen Sie nun den unteren Punkt (4) und ziehen Sie diesen mit gedrückter Shift-Taste weit nach unten. Das Quadrat muss um einiges größer sein als das Lesezeichen.

5 Schieben Sie das auf der Spitze stehende Quadrat über Ihr erstes Lesezeichen. Unten sollten die Ecken nicht überlappen, oben sollte das Quadrat allerdings überstehen. Zur besseren Visualisierung ist die fertige Lesezeichen-Form grau eingefärbt. Markieren Sie nun beide Formen mit dem *Auswählen-Werkzeug (1)*. Öffnen Sie dann das *Ausrichten-Fenster (2)* und wählen Sie dann *Zentriert ausrichten (3)*. Die beiden Formen liegen nun in der Senkrechten genau übereinander. Durch Verschieben des Quadrats können Sie die Ecken beim Lesezeichen noch vergrößern oder verkleinern.

6 Die beiden Objekte sind weiterhin ausgewählt. Öffnen Sie dann das *Modifizieren-Fenster (1)* und wählen Sie *Schnittmenge bilden (2)*. Sie haben nun Ihr erstes Lesezeichen mit zwei abgeschnittenen Ecken. Das Loch für ein Dekobändchen fügen Sie in Schritt 18 hinzu.

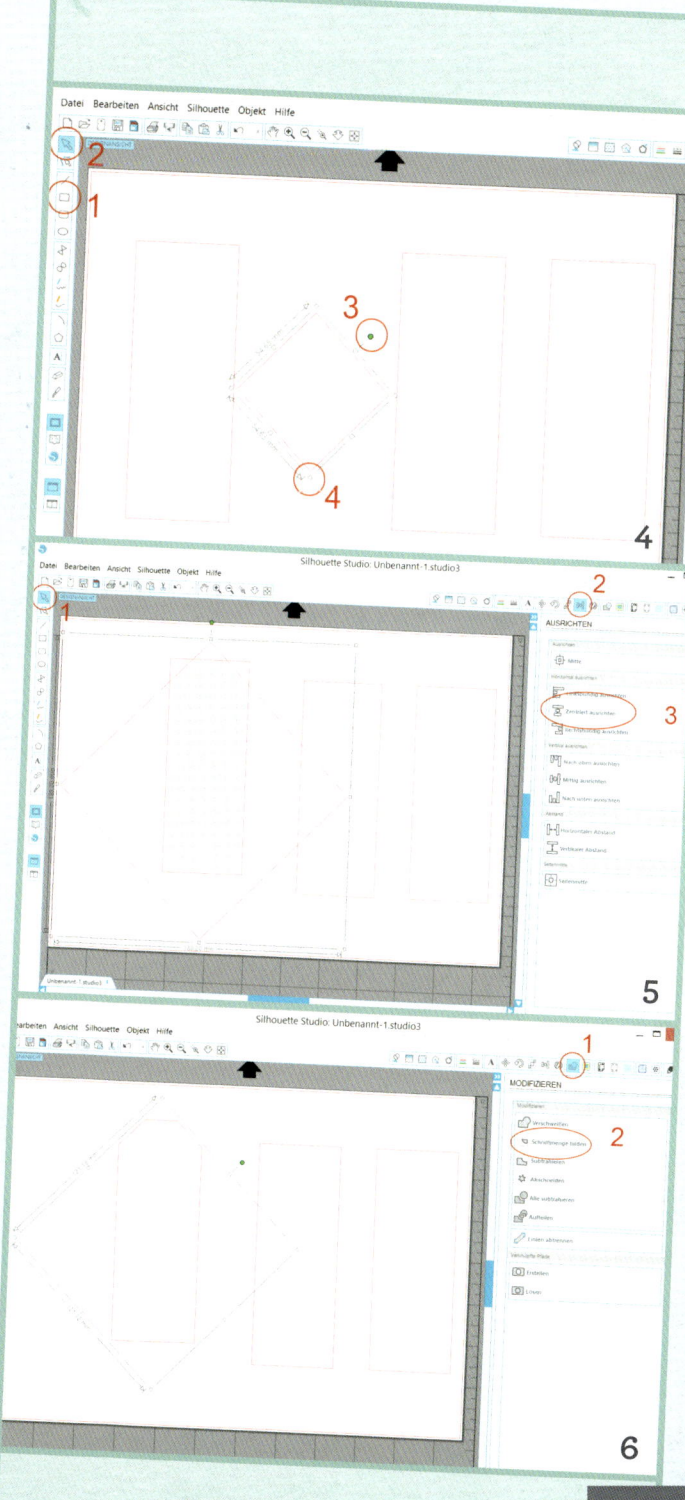

Weiter geht es auf Seite 24.

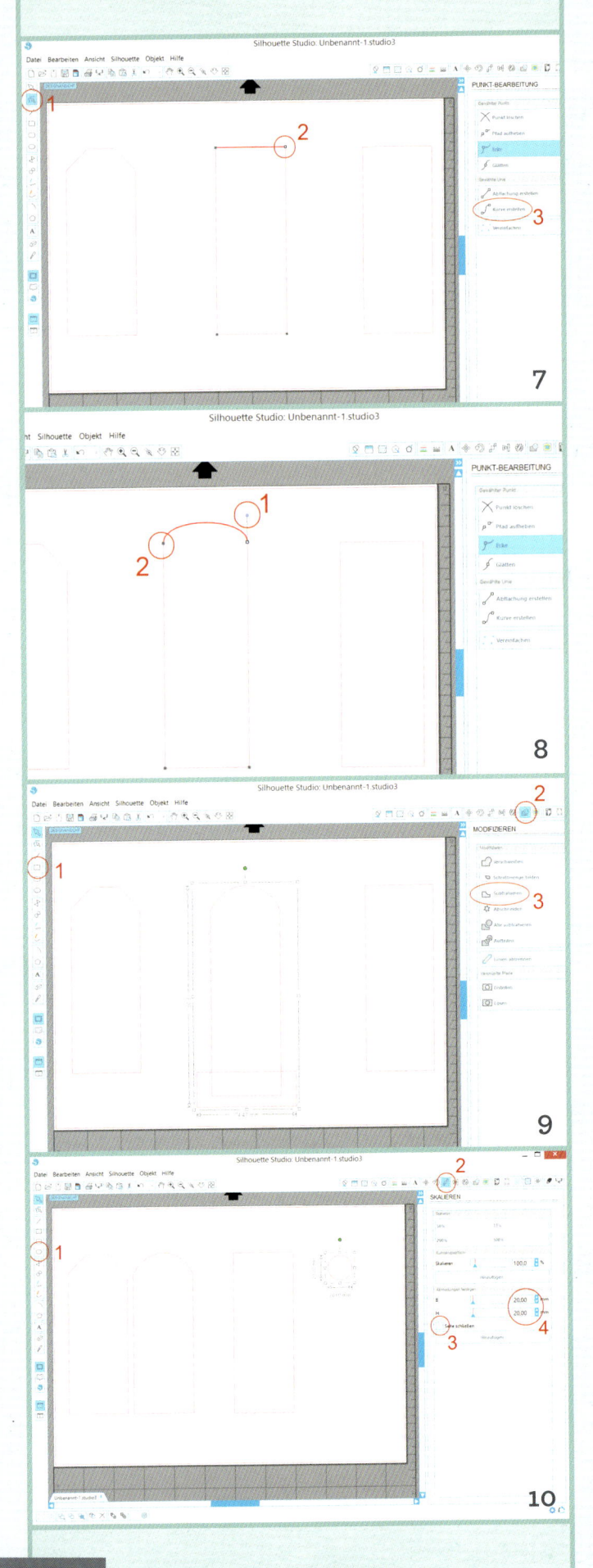

7 Das mittlere Lesezeichen soll einen einfachen Bogen am Kopf bekommen. Dazu können Sie ein großes Oval öffnen, beide Formen (wie im ersten Beispiel) übereinander legen und die Schnittmenge bilden. Oder Sie können wie folgt vorgehen: Wählen Sie das *Punkte bearbeiten-Werkzeug (1)* aus, rechts erscheinen die verschiedenen Möglichkeiten. Wählen Sie dann den rechten oberen Punkt des Rechtecks aus (2), wodurch der obere Rand in eine stärkere rote Linie umgewandelt wird. Wenn Sie nun *Kurve erstellen (3)* wählen, wird diese stärkere, rote Linie in einen Bogen verwandelt.

8 Die Punkte neben dem Bogen bekommen außerdem eine Art Hebel (1), den Sie durch Anklicken bewegen können und so z. B. den Bogen steiler oder flacher zeichnen können. Wenn Sie den linken Punkt (2) mit dem Werkzeug für *Punkte bearbeiten* anklicken, erscheint dort der Hebel zum Verändern des Bogens.

9 Sollte Ihnen das Lesezeichen durch den oberen Bogen zu hoch geworden sein, legen Sie mit dem *Rechteck-Werkzeug (1)* ein Rechteck auf den unteren Bereich des Lesezeichens. Beide Formen markieren und das *Modifizieren-Fenster (2)* öffnen. Wählen Sie dort das *Subtrahieren-Werkzeug (3)*. Die oben liegende Fläche schneidet damit die darunter liegende Fläche aus bzw. ab.

10 Das dritte Lesezeichen soll einen gebogenen Rand erhalten. Dazu wählen Sie *Ellipse zeichnen (1)* und zeichnen mit gehaltener Shift-Taste (⇧) auf Ihrer Tastatur einen Kreis. Über *Skalieren (2)* – das Häkchen bei *Seite schließen (3)* nicht vergessen – geben Sie einen geraden Wert für Höhe und Breite des Kreises ein (4). In diesem Fall sind es 20 mm.

11 Öffnen Sie das *Replizieren-Fenster (1)*, damit können Sie das ausgewählte Motiv in alle erdenklichen Richtungen verschieben bzw. kopieren. Klicken Sie auf *Erweiterte Optionen (2)*, um einen genauen Versatz zu erstellen.

12 Um zwei Kopien nach links unten zu erzeugen, wählen Sie im Fenster *Zahl* die 2 (1), wählen *Kundenspezifische Position (2)* und geben bei den x- und y-Werten -12 bzw. 12 ein (3). Übrigens: Der Versatz von 12 ist nicht berechnet, sondern einfach nach Gusto ausgewählt. Bestätigen Sie die Auswahl mit *Replizieren (4)*. Es erscheinen zwei neue Kreise mit einem Versatz nach links unten.

13 Um zwei Kreise mit einem Versatz nach rechts unten zu erzeugen, markieren Sie wieder den ersten Kreis und geben bei *Replizieren* die Werte 12 und 12 (1) ein. Mit dem Befehl *Replizieren* werden die zwei Kreise nach rechts erzeugt.

14 Die Kreise nun mit *Ausgewählte Formen gruppieren (1)* zu einer Einheit zusammenfügen. Die einzelnen Kreise bleiben erhalten, können jedoch wie eine einzige Form behandelt werden. Passen Sie nun die Größe der Kreise an die Breite des Lesezeichens an. Dafür die Kreise markieren und das *Skalieren-Fenster (2)* öffnen. Da die Kreise nun proportional angepasst werden sollen (sonst werden es Ellipsen), das Häkchen bei *Seite schließen (3)* lassen und in der Breite 5 cm (4) angeben. Mit Enter bestätigen.

15 Das Lesezeichen und die Kreise markieren, dann das *Ausrichten-Fenster (1)* öffnen und die beiden Objekte *Zentriert ausrichten (2)*. Anschließend nur die Kreise markieren und mit der Pfeiltaste auf Ihrer Tastatur nach oben schieben, sodass die Kreise oben etwas herausstehen.

Weiter geht es auf Seite 26.

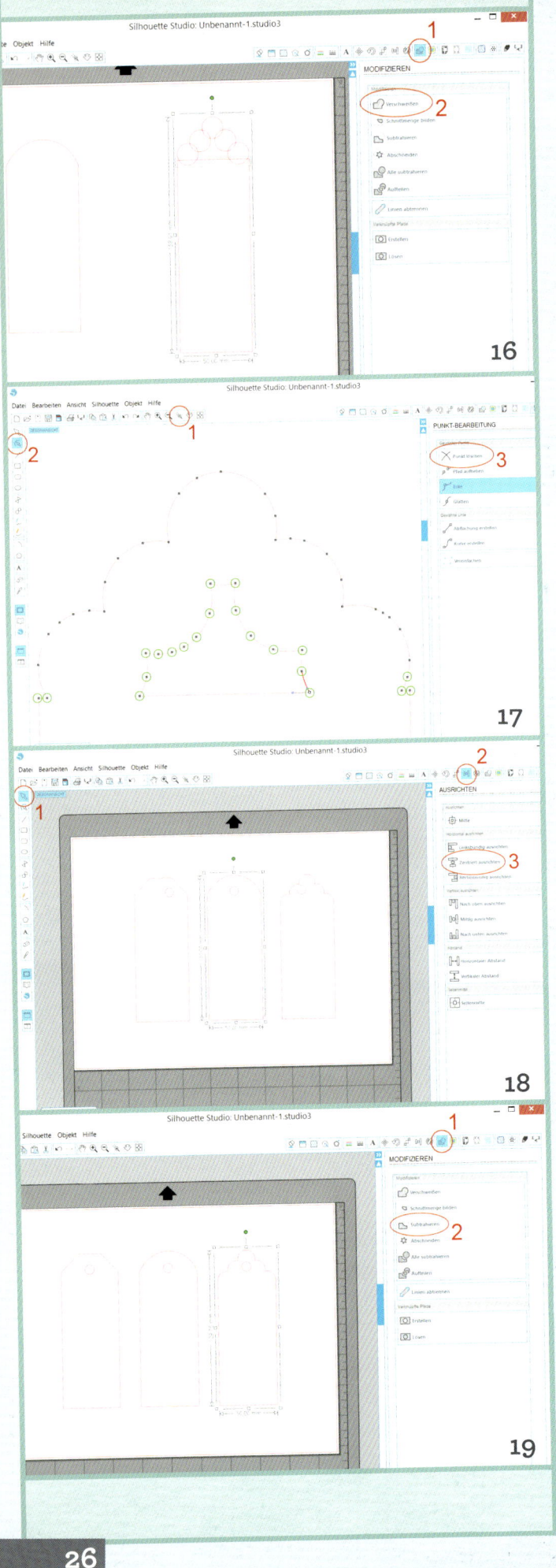

16 Markieren Sie beide Formen, wählen Sie *Modifizieren (1)* und dann *Verschweißen (2)*. Alle Formen werden zu einer großen Form zusammengefügt.

17 Überflüssige Punkte müssen jetzt noch bei der Form entfernt werden. Vergrößern Sie Ihre Zeichnung mit dem *Zoom-Werkzeug (1)*. Wählen Sie dann die *Punkt-Bearbeitung (2)* und markieren Sie einen Punkt, den Sie löschen wollen. Zur besseren Visualisierung sind die zu löschenden Punkte hier grün eingekreist. Löschen Sie nun mit *Punkt löschen (3)* manuell die Punkte in der Mitte und an den beiden äußeren Rändern, um eine gerade Linie zu erhalten. Wenn Ihnen das Lesezeichen zu lang ist, schneiden Sie es wie in Punkt 9 beschrieben ab.

18 Für die Löcher legen Sie nun einen Kreis in den oberen Bereich jedes Lesezeichens. Markieren Sie dann mit dem *Auswählen-Werkzeug (1)* jeweils ein Lesezeichen mit Kreis, öffnen Sie dann das *Ausrichten-Fenster (2)* und zentrieren Sie die beiden Formen (3).

19 Markieren Sie jeweils ein Lesezeichen mit Loch, öffnen das *Modifizieren-Fenster (1)* und *Subtrahieren (2)* Sie die beiden Formen. So besteht jedes Lesezeichen nur noch aus einer einzigen Form mit Loch in der Mitte (vorher zwei Formen: Lesezeichen und Kreis).

20 Speichern Sie nun Ihre Lesezeichen in der Bibliothek und/oder auf der Festplatte (s. S. 18).

Freihand-Zeichnen von eigenen Motiven

Lernziel: Frei zeichnen, Ebenenreihenfolge ändern, Motive füllen.

1 Öffnen Sie die Studio-Software und wählen Sie *Öffnen*. Laden Sie damit Ihre Vorlage in das Studio. Hier eine Übersicht der Effekte zu den vier *Freihand-Werkzeugen (1)*. Testen Sie einfach die *Freihand-Werkzeuge* und zeichnen Sie Ihre Vorlage nach. Sie werden schnell merken, welche Werkzeuge Ihnen liegen und welche bei Ihrem Projekt die besten Ergebnisse erzielen.

2 Markieren Sie Ihre Zeichnung, wählen Sie dann das Werkzeug *Punkte bearbeiten (1)*, um einzelne Punkte zu modifizieren. Im Katzenbeispiel ist die erste Zeichnung der Vorlage am ähnlichsten, deshalb wurde damit weitergearbeitet. Auf der rechten Seite der Katze wurden schon mal einige Zwischenpunkte mit dem Werkzeug *Punkt löschen (2)* entfernt. Den Punkt auf der Ohrenspitze können Sie mit *Kurve erstellen (3)* in eine solche verwandeln. Sie können mit Strg + Z immer wieder die letzten Schritte rückgängig machen.

3 Die weiteren Teile der Katze (Augen, Ohren, Schnauze) mit den verschiedenen Werkzeugen nachzeichnen. Die Schnurrhaare mit dem *Kurvenverlauf-Werkzeug (1)* zeichnen. Zum Beenden der Kurve einfach doppelklicken.

4 Da die Schnurrhaare symmetrisch sind, können Sie diese auch nur auf einer Seite zeichnen, dann markieren, das *Replizieren-Fenster (1)* öffnen und *Links spiegeln (2)*, wenn Sie rechts gezeichnet wurden. Schieben Sie die Schnurrhaare dann ebenfalls auf Ihre Zeichnung.

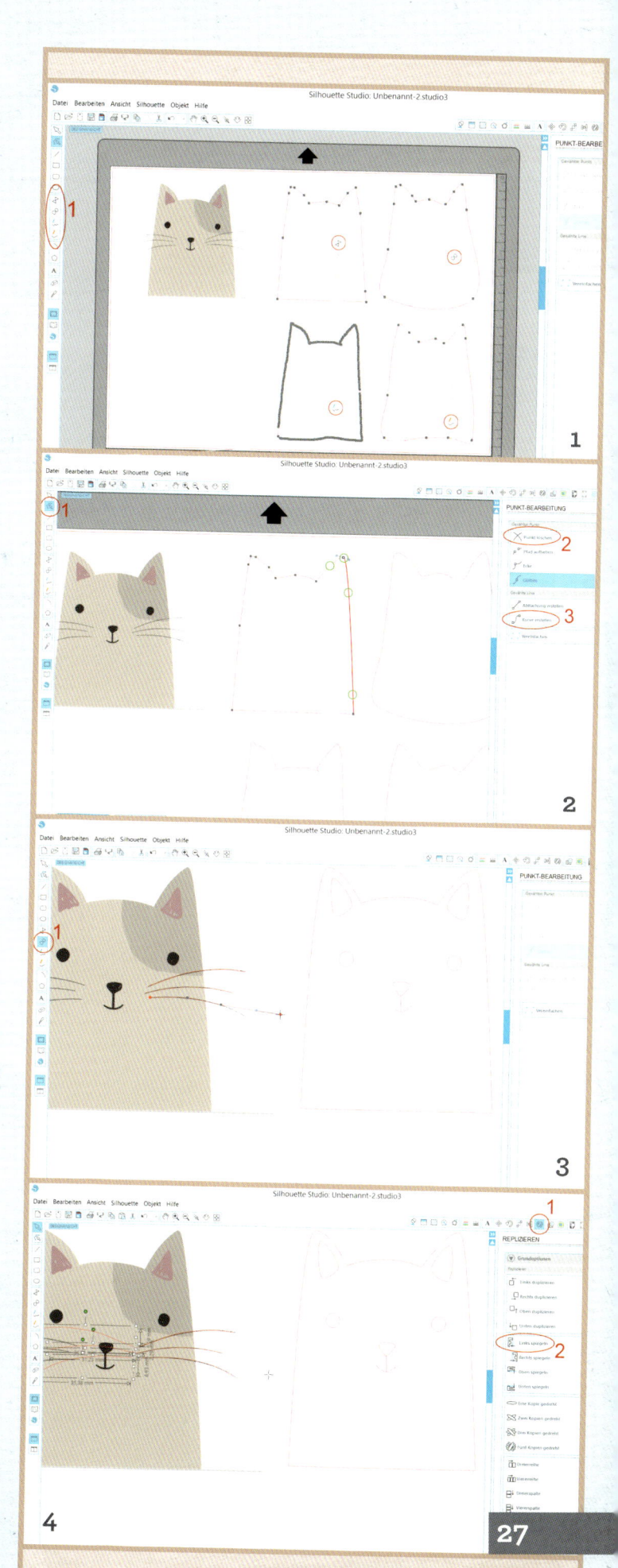

Weiter geht es auf Seite 28.

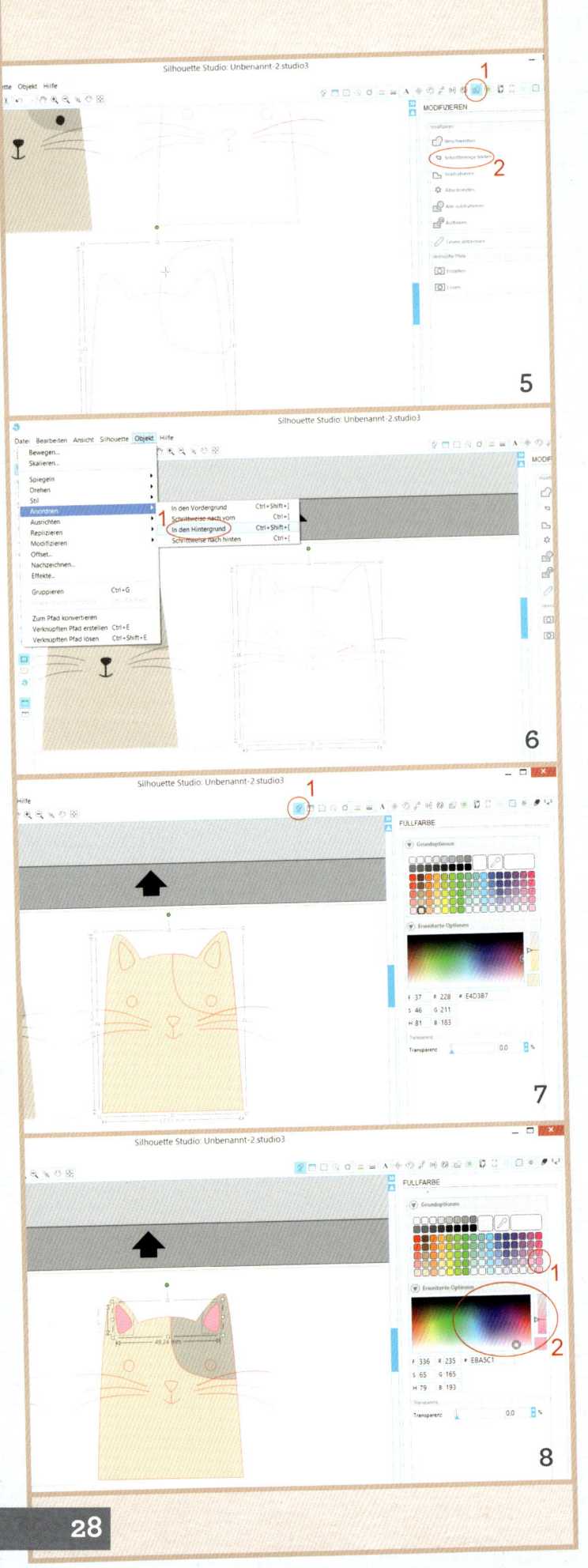

5 Für den Fleck auf dem rechten Ohr diesen nachzeichnen und dabei über die Vorlage hinausgehen. Duplizieren (Strg + D) Sie Ihre Katze, legen Sie beide Motive übereinander, öffnen Sie dann das *Modifizieren-Fenster (1)* und wählen Sie *Schnittmenge bilden (2)*.

6 Wenn Sie dann den Fleck auf Ihr Motiv schieben, liegt dieser oben auf (die zuletzt erstellte Fläche wird immer oben aufgelegt). Markieren Sie die Flächen, die in den Hintergrund verschoben werden sollen – in diesem Fall also Ihre Katze und den Fleck. Mit *Objekt > Anordnen > In den Hintergrund (1)* verschieben Sie die markierten Flächen in den Hintergrund. Das Auge und das Dreieck im Ohr werden wieder sichtbar.

Sie können die einzelnen Teile der Vorlage nun auseinander schieben und z. B. aus Folie schneiden, um sie dann auf ein Shirt zu bügeln. Oder Sie können die Flächen nun mit Farben füllen und zu einer Print & Cut Datei weiterverarbeiten.

7 Zum Einfärben der Flächen die entsprechende Fläche anklicken, das *Füllfarben-Fenster (1)* öffnen und die gewünschte Farbe auswählen.

8 Wenn Sie nicht genau den Farbton in der Übersicht (1) finden, den Sie suchen, können Sie einen ähnlichen wählen und manuell anpassen (2).

28

9 Um die Außenlinien zu entfernen, markieren Sie die Objekte mit Außenlinien, öffnen das *Linienfarben-Fenster (1)* und entfernen die Linien mit der karierten Fläche (2).

10 Mund und Schnurrhaare sollen in eine schwarze Linie umgewandelt werden. Färben Sie dafür die Linien schwarz ein, öffnen Sie das *Linienstil-Fenster (1)* und erhöhen Sie die Liniendicke (2), z. B. auf 0,5 mm.

11 Entfernen Sie vor dem Speichern noch die Katzenvorlage. Sie haben jetzt Ihre selbst gezeichnete Katze. Speichern Sie dann Ihre Zeichnung in der Bibliothek und/oder auf der Festplatte.

TIPP: Um fototreue Silhouetten zu zeichnen, können Sie ein eigenes Foto als Vorlage benutzen und die Konturen des Objektes mit einem geeigneten Zeichen-Werkzeug nachzeichnen, z. B. mit *Weich Freihand zeichnen (1)* oder *Einen Kurvenverlauf* zeichnen. So entsteht aus einer Möwe im Urlaub eine interessante Fläche oder Kontur.

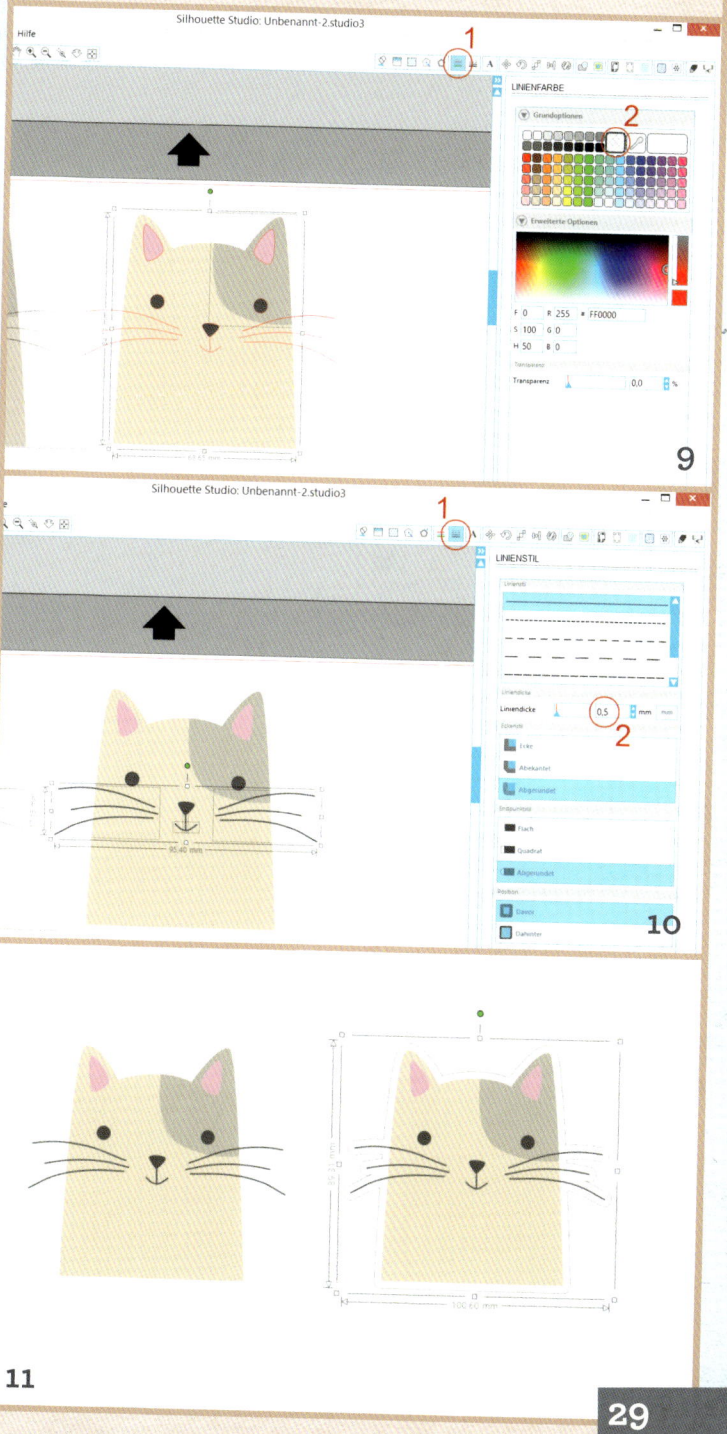

Briefbanderole mit Kolibri

Lernziel: einfache Vorlagen nachzeichnen (gif, tiff, jpg, png), Offset.

1 Öffnen Sie das Studio-Programm und erstellen Sie über *Designen* ein leeres DIN A4-Dokument. Die Seitengröße können Sie ggf. unter Design-Seiteneinstellungen ( ) rechts oben anpassen.

2 Wählen Sie unter *Datei > Öffnen* das Bild aus, das Sie nachzeichnen möchten und bestätigen Sie Ihre Auswahl mit *OK*. Zur Übung finden Sie den Kolibri ebenfalls bei den Designvorlagen. Das Foto sollte eines der folgenden Formate aufweisen: gif, tif, jpg oder png. Je stärker der Kontrast zwischen Bild und Hintergrund ist, desto leichter lässt es sich später nachzeichnen. Ein hellgelbes Motiv auf weißem Hintergrund ist nur schwer zu erkennen. Beim Nachzeichnen kommt es zusätzlich auf die Größe der Vorlage an. Je größer die Vorlage ist, desto besser lässt sie sich nachzeichnen. Kleine – sehr pixelige – Bilder können dagegen zu unschönen Ergebnissen führen.

3 Das Motiv ist nun auf oder neben der virtuellen Matte platziert. Markieren Sie das Objekt und passen Sie es ggf. größentechnisch an. Dazu die rechte untere Ecke anklicken und mit gedrückter Maustaste nach links oben schieben (verkleinern) oder nach rechts unten ziehen (vergrößern). Öffnen Sie nun das *Nachzeichnen-Fenster (1)* und wählen Sie *Bereich zum Nachzeichnen auswählen (2)*. Fahren Sie nun mit gedrückter Maustaste über den Bereich, den Sie nachzeichnen möchten. Für einen Vergleich liegt das Motiv auf der abgebildeten Arbeitsfläche doppelt. Das Studio wird nun einige Bereiche des Motivs gelb einfärben. Das sind die Bereiche, die später in eine Schneidedatei umgewandelt werden.

4 Verschieben Sie nun den *Hoch- und Tieffilter (1)* nach rechts oder links, um den gelben Bereich zu vergrößern bzw. zu verkleinern. Dies ist insbesondere bei Fotos mit verschiedenen Farben interessant. Bei einer einfarbigen Vorlage wie dem Kolibri reicht es aus, den Hochfilter nach rechts zu verschieben. Wählen Sie dann die Art des Nachzeichnens aus. Wollen Sie nur die Außenlinie nachzeichnen? Oder auch die Innenlinien? Testen Sie ruhig die verschiedenen Ergebnisse, mit Strg + Z machen Sie den letzten Schritt wieder rückgängig. Bei diesem Beispiel ist die erste Variante, das *Nachzeichnen (2)* am sinnvollsten.

5 Beim Verschieben der Vorlage werden die roten Linien deutlich sichtbar. Der Kolibri war eine dankbare Vorlage, das nachgezeichnete Motiv ist wirklich gut geworden.

6 Um den Kolibri auf die zusätzliche Banderole zu setzen, benötigt er eine etwas größere Hintergrundfläche. Diese wird mit dem Offset-Tool erreicht. Markieren Sie den Vogel und öffnen Sie das *Offset-Tool (1)*. Klicken Sie nun *Offset (2)*. Das Programm gibt Ihnen schon eine mögliche Offset-Linie vor. Diese können Sie aber durch *Offset-Abstand, Strecke (3)* anpassen, vergrößern und verkleinern.

TIPP: Durch *Hinzufügen (4)* erhalten Sie weitere Offset-Linien. Diese werden für die Banderole aber nicht benötigt.

7 Schieben Sie den Kolibri und die Offset-Linie auseinander (z. B. Vogel nach oben, Offset nach unten). Öffnen Sie nun mit dem *Rechteck zeichnen Tool (1)* ein Rechteck, das etwas länger als der Umfang des Umschlags ist, um den es später passen soll. Schieben Sie es über die Offset-Linien des Kolibris. Über die *Zentrieren-Werkzeuge* können Sie die Banderole und den Offset-Kolibri mittig ausrichten.

8 Markieren Sie Banderole und Offset-Kolibri (1). Öffnen Sie das *Modifizieren-Fenster (2)* und verbinden Sie die beiden Flächen durch *Verschweißen (3)*. Speichern Sie die fertige Vorlage in der Bibliothek und/oder auf der Festplatte.

HINWEIS: Beim Nachzeichnen erkennt das Programm Flächen und umrandet diese mit einer Linie. Auch wenn die Vorlage eigentlich eine Linie ist, wird das Studio daraus eine Fläche machen.

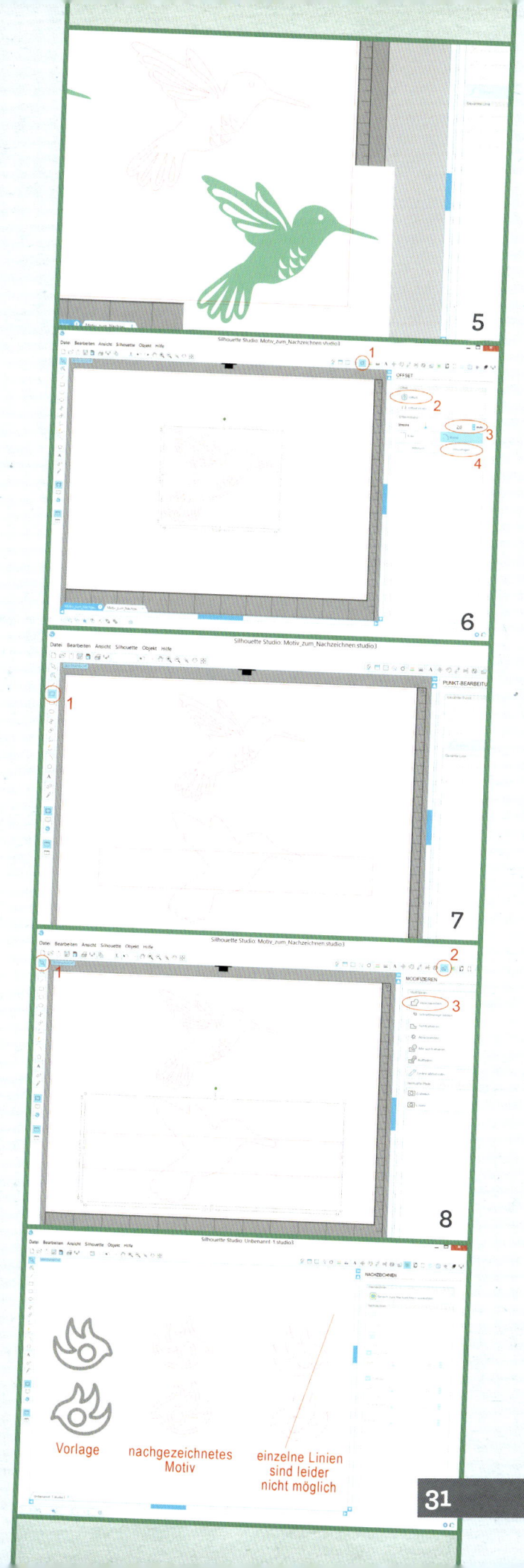

Fotos in plottfähige Dateien umwandeln

Lernziel: Komplexe Vorlagen (z. B. Fotos) mithilfe der Studio-Software, Picmonkey und Inkscape nachzeichnen.

Die eigene Silhouette oder das Lieblingshaustier auf dem T-Shirt kann für ein großes „WOW" sorgen. Hier gilt jedoch: Je mehr Arbeit, desto besser das Ergebnis. Die meiste Arbeit erfolgt dabei in anderen Programmen, lediglich der letzte Schritt erfolgt im Studio. Sie können dabei auf Programme zurückgreifen, die kostenlos erhältlich sind. Natürlich können die Fotos auch problemlos in Programmen wie Photoshop oder Illustrator bearbeitet werden.

Studio benötigt für das Nachzeichnen ein Bild mit einem schönen Motiv, das zum einen keinen (bzw. einen weißen) Hintergrund hat. Zum anderen sollte das Motiv einen starken Kontrast aufweisen, damit helle und dunkle Bereiche leichter getrennt werden können.

Die Grundlage für dieses Beispiel bildet ein einfaches Foto von mir. Bei dem Bild ist der Hintergrund zwar schon einfarbig und hell, alle notwendigen Schritte, die man zum Überdecken des Hintergrundes benötigt, werden aber aufgeführt. Sie können die Übung auch mit einem eigenen Bild versuchen.

1 Wählen Sie ein Foto aus, das Sie in eine plottfähige Datei umwandeln wollen. Gehen Sie im Internet auf die Seite *www.picmonkey.com*. Dort können Sie online Fotos bearbeiten und auf Ihrem Rechner speichern. Bei Picmonkey wählen Sie *Edit a photo > Open (1)*. Wählen Sie Ihr Bild aus und bestätigen Sie mit *Öffnen*. Gehen Sie dann auf *Colors (2) > Saturation* (Sättigung) und schieben Sie den Regler ganz nach links. Das Bild wird nun schwarz-weiß. Bestätigen Sie mit *Apply*. Das Foto benötigt nun noch etwas mehr Kontrast. Gehen Sie dafür zu *Exposure (3)* und erhöhen *Highlights* und *Contrast*. Eine bestimmte Zahl gibt es dafür nicht, etwas Gefühl und Übung führen Sie zum Ziel. Zum Schluss wählen Sie *Save,* dann die bestmögliche Qualität *Sean* und speichern mit *Save to my computer* das geänderte Foto auf Ihrem PC. Sie können z. B. den bereits vorhandenen Dateinamen um „_bearbeitet" erweitern, um die ursprüngliche Datei nicht zu überspeichern.

2 Zum Überdecken des Hintergrundes zunächst (wenn noch nicht geschehen) das kostenlose (open-source) Programm Inkscape unter *www.inkscape.org* runterladen und nach Anweisung installieren. Öffnen Sie danach das Programm. Gehen Sie über *Datei > Importieren* zu Ihrem Foto, wählen Sie es aus und bestätigen Sie mit *Öffnen*. Bei den Import-Voraussetzungen können Sie die gewählten Parameter belassen (Bild einbetten, DPI-Zahl aus der Datei übernehmen, kein Bildrendermodus). Bestätigen Sie mit *OK*.

3 Vergrößern bzw. verkleinern Sie das Bild, sodass es den Arbeitsbildschirm fast ausfüllt (*Skalieren* rechts unten). Wählen Sie dann das Werkzeug für *Bézier-Kurven und gerade Linien zeichnen (1)* und malen Sie (bzw. klicken) eine möglichst genaue Linie am Motiv entlang. Gehen Sie dann am Außenrand des Fotos entlang und überdecken Sie den gesamten Hintergrund auf dem Foto mit Ihrer Fläche. Zeichnen Sie die Linie bis zum Ausgangspunkt Ihrer Linie und klicken Sie auf den ersten Punkt. Dadurch wird die Fläche geschlossen. Wählen Sie dann auf der rechten Seite *Füllen (2)* aus (mit ⇧ + Strg + F können Sie das Fenster für *Füllung und Kontur* aufrufen). Markieren Sie Ihre gezeichnete Fläche und schieben Sie alle Regler nach links. Dadurch wird die Fläche weiß. Klicken Sie dann auf *Farbe der Kontur* und klicken Sie auf das *X*. Die Kontur verschwindet.

HINWEIS: Zur besseren Veranschaulichung habe ich die Flächen rosa eingefärbt. Außerdem wurde die Hintergrundfläche in zwei Teile unterteilt. Beim ersten Versuch, eine solche Linie zu zeichnen, ist sie beim Schließen der Fläche verschwunden. Und über Strg + Z ließ sie sich nicht wieder herstellen. So habe ich lieber mit zwei kleineren Flächen gearbeitet, um bei möglichen Problemen nur die Hälfte der Fläche zu verlieren.

4 Wenn das Bild fertig ist und das Motiv von einer weißen Fläche umgeben ist, wählen Sie *Datei > PNG-Bild exportieren (1)*. Auf der rechten Seite wird Ihnen ein großes Exportfenster geöffnet. Wählen Sie dort *Exportieren als (2)*. Wählen Sie einen Speicherplatz und vergeben Sie einen Dateinamen. Klicken Sie *Speichern*. Das Fenster schließt sich, Name und Speicherort werden aber gespeichert. Wählen Sie dann *Exportieren (3)*. Das Bild wird gespeichert. Das Programm können Sie nun schließen.

5 Ihr Foto ist vorbereitet, sodass es im Studio bearbeitet werden kann. Öffnen Sie die Studio-Software, gehen Sie dann über *Datei > Hinzufügen (1)* zu Ihrem Foto und öffnen Sie es. Passen Sie das Bild der Größe Ihrer virtuellen Arbeitsfläche an. In dem Beispiel war das Bild sehr klein (2) und musste stark vergrößert werden (3). Öffnen Sie das *Nachzeichnen-Fenster (4)* und wählen Sie dann *Bereich zum Nachzeichnen (5)* aus. Gehen Sie mit der gedrückten Maus über das Foto. Dort erscheint ein grau unterlegtes Rechteck, einige Flächen im Inneren sind bereits gelb eingefärbt.

6 Durch Verschieben des Hochfilters (1) können Sie die gelbe Fläche vergrößern bzw. verkleinern, bis es Ihnen gefällt. Sie erhalten die Fläche durch *Nachzeichnen (2)*.

7 Zum Ändern der Füllfarbe einfach Foto und Illustration auseinanderschieben, die Illustration anklicken und das *Füllfarben-Fenster (1)* öffnen. Dann die gewünschte Füllfarbe auswählen.

8 Wenn Sie möchten, können Sie extrem kleine Flächen (siehe grüne Kreise) noch manuell entfernen. Dazu *Punkte bearbeiten (1)* auswählen, die entsprechenden Punkte anwählen und *Punkt löschen (2)* wählen. Speichern Sie die fertige Vorlage in der Bibliothek und/oder auf der Festplatte.

Mit Schriften arbeiten

Lernziele: Schriften auswählen, sehr dünne Schrift plottertauglich machen, Text im Kreis anordnen.

1 Öffnen Sie das Studio und wählen Sie *Designen.* Öffnen Sie das *Design-Seiteneinstellungs-Fenster (1),* wählen Sie dann *12" × 12"* als Größe Ihres Dokuments (2). Wählen Sie das *Text-Werkzeug (3)* und schreiben Sie das Wort „Sonnenschein".

2 Wenn Sie das Text-Werkzeug ausgewählt haben, öffnet sich rechts automatisch das *Textstil-Fenster (1).* Durch einen Doppelklick auf den Text wechselt die Darstellung des Textes zwischen einem Bild (2), das man wie jede andere Linie auch bearbeiten kann, und der Darstellung als Text (3), bei dem man Buchstaben hinzufügen, ändern, löschen oder „verbiegen" kann.

3 Markieren Sie nun Ihren Schriftzug als Text, indem Sie mit der Maus über den Text fahren, sodass dieser blau unterlegt wird (1) und wählen Sie den passenden *Schriftstil (2)* rechts aus. In diesem Beispiel ist das die Mulberry Script, eine gekaufte Schrift von *www.creativemarket.com.* Suchen Sie sich zum Nacharbeiten eine eigene Schrift aus. Vergrößern Sie die *Textgröße (3).* Bei manchen Schriften sind die Abstände zwischen den Buchstaben zu groß, was insbesondere bei einer Schreibschrift zu unschönen Übergängen zwischen den Buchstaben führen kann. Sollte das auch bei Ihrer Schrift der Fall sein, können Sie die Abstände zwischen den Buchstaben manuell mit *Zeichenabstand (4)* verändern. Bei dieser Schrift liegen die Buchstaben-Übergänge mit 89 recht gut übereinander.

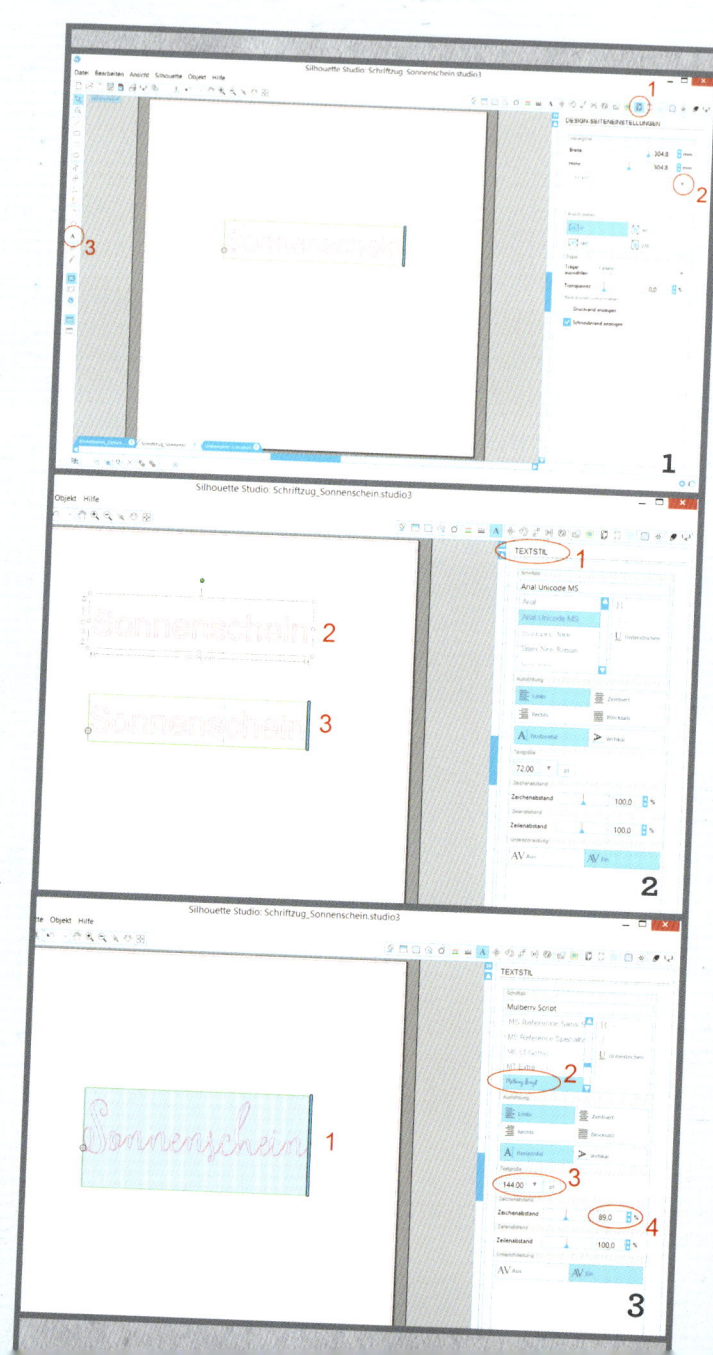

4 Wählen Sie nun wieder das *Text-Werkzeug (1)* aus und schreiben Sie die restlichen Texte in zwei separate Textfelder. Damit die Texte besser sichtbar werden, öffnen Sie das *Füllfarben-Fenster (2)*, markieren Sie alle Texte und wählen Sie eine dunkle Füllfarbe aus (3). Man kann erkennen, dass Teile des Schriftzugs „Sonnenschein" extrem schmal sind. Sie könnten beim Schneiden zum Problem werden. Da es aber durchaus sein kann, dass Sie nochmal die Schriftart ändern werden, belassen Sie es an dieser Stelle so. Sie können die Schrift ggf. später noch verstärken.

5 Für die beiden zuletzt geschriebenen Texte wählen Sie eine passende Schrift (1), z. B. die Rockwell Condensed. Wählen Sie dann das Werkzeug *Ellipse zeichnen (2)* aus und legen Sie über das Wort „Sonnenschein" einen Kreis. Durch Halten der Shift-Taste (⇧) wird die Ellipse zu einem Kreis. Klicken Sie nun auf den oberen Schriftzug mit einem Doppelklick, bis ein grüner Rahmen um den Text entsteht und links ein Kreis mit Kreuz erscheint (3). Das Kreuz mit der Maus greifen und auf den Kreis ziehen. Der Text erscheint gebogen am oberen Rand des Kreises. Wenn Sie den Text nun in den Kreis ziehen, steht der Text am inneren Rand des Kreises. Für unser Beispiel soll der Text jedoch außerhalb des Kreises stehen.

6 Durch Bewegen des Kreuzes (1) können Sie den Text nun am Rand des Kreises entlangschieben. Verschieben Sie ihn soweit, dass die Unterkante des ersten und des letzten Buchstabens – also m und h – auf einer Höhe stehen. Mit dem Schieber (2) können Sie den Text nach außen oder innen schieben. Dabei werden die Buchstaben weiter auseinandergezogen bzw. zueinander geschoben.

7 Wählen Sie den zweiten Text mit Doppelklick aus und schieben Sie diesen – wie bei dem oberen Text – mit dem kleinen Kreuz innerhalb des Kreises. Falls Ihnen die Ansicht Ihres Entwurfs zu klein ist, können Sie diese mit dem *Zoom-Werkzeug* vergrößern. Der untere Text steht sehr eng und zu weit in der Mitte. Mit dem Schieber (1) können Sie den Text unterhalb des Kreises schieben. Der untere Text ist nun viel kürzer als der obere Text, Sie können daher eine etwas größere Textgröße (2) wählen. Außerdem können Sie den Zeichenabstand (3) auf 105 % erhöhen.

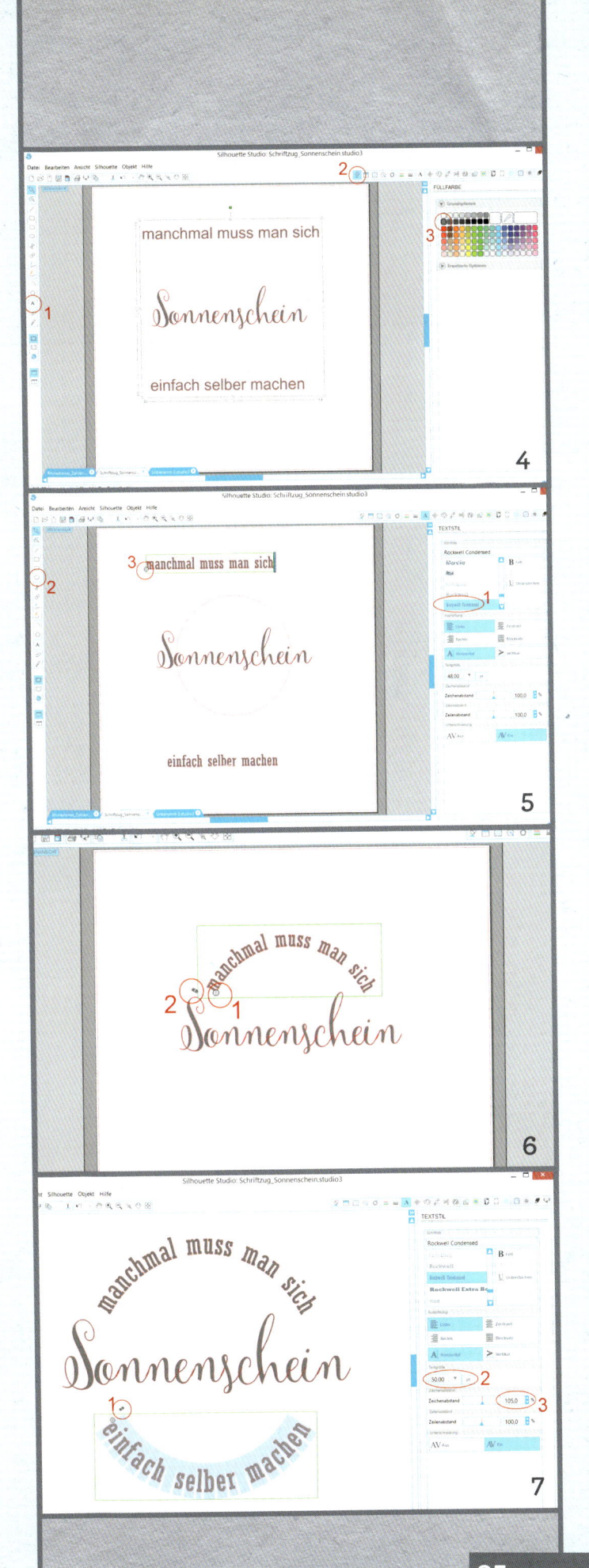

Weiter geht es auf Seite 36.

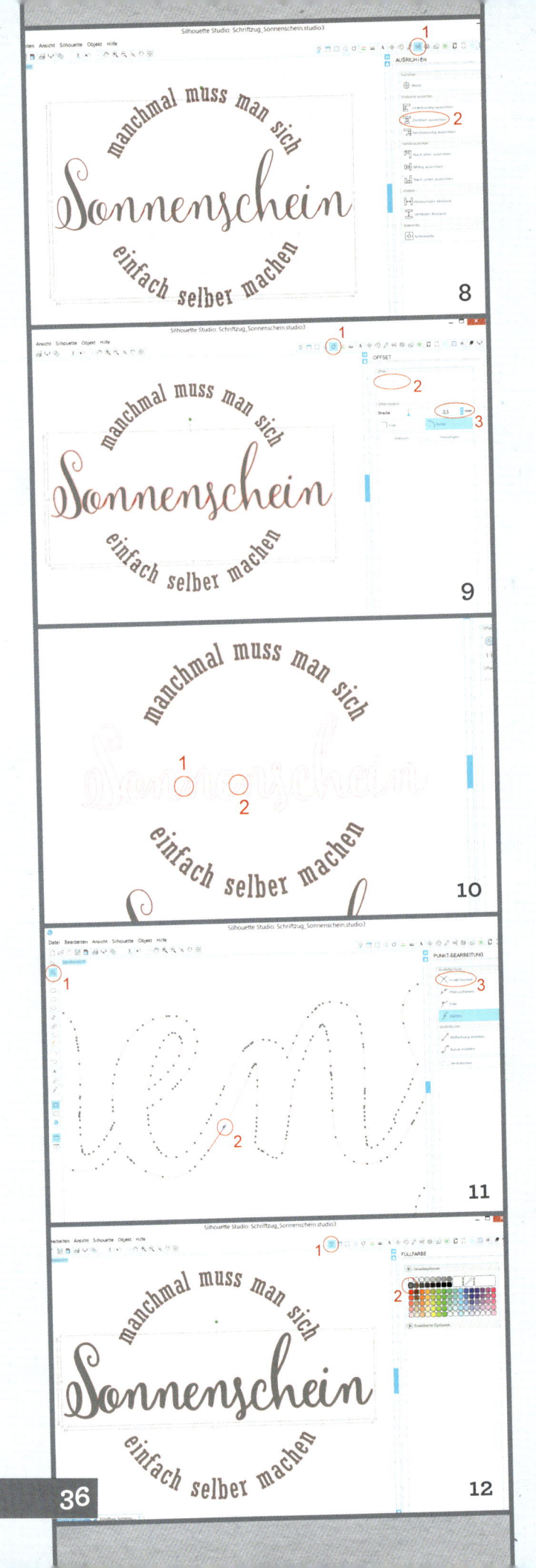

8 An dieser Stelle können Sie mit dem Feinschliff beginnen. Das *Ausrichten-Fenster (1)* öffnen und alle Schriftzüge markieren. Wählen Sie dann *Zentriert ausrichten (2)*. Außerdem können Sie den Schriftzug „Sonnenschein" nach Belieben vergrößern.

9 Um den Text ggf. etwas zu verstärken, wählen Sie den Schriftzug „Sonnenschein" aus. Das *Offset-Fenster (1)* öffnen, *Offset (2)* wählen und die *Strecke (3)* verändern, bis ein schmaler Rand um dem Schriftzug entsteht (in diesem Beispiel ein Offset von 0,5).

10 Wenn Sie nun Ihren eigentlichen Schriftzug aus dem Offset rausschieben, sehen Sie die teilweise etwas verschobenen Übergänge zwischen den Buchstaben (1 und 2). Diese können Sie noch manuell bearbeiten.

11 Zum Bearbeiten der einzelnen Punkte das Werkzeug *Punkte bearbeiten (1)* aufrufen. Den entsprechenden Punkt auswählen (2) und *Punkt löschen (3)*.

12 Markieren Sie den noch transparenten Schriftzug. Das *Füllfarben-Fenster (1)* öffnen und eine dunkle Füllfarbe (2) wählen. Nun sehen Sie genau, ob der Schriftzug noch unschöne Buchstaben-Übergänge hat, die Sie ggf. noch entfernen können.

13 Für die dreieckigen Sonnenstrahlen das *Vieleck-Werkzeug (1)* auswählen und mit gedrückter Alt-Taste ein Vieleck öffnen. Das *Wählen-Werkzeug (2)* wählen, das Vieleck anklicken und den erschienenen Regler (3) nach links bis auf die Zahl 3 verschieben. Ihr Vieleck wird nun zu einem Dreieck. Dieses Dreieck ggf. noch etwas verkleinern.

14 Das Dreieck mit dem *Duplizieren-Werkzeug (1)* verdoppeln. Eines der Dreiecke nach unten verschieben und um 180° drehen, sodass die Spitze des Dreiecks nach unten zeigt. Dann das *Ausrichten-Fenster (2)* öffnen, alle Elemente markieren und *Zentriert ausrichten (3)*.

15 Das *Replizieren-Fenster (1)* öffnen, *Erweiterte Optionen (2)* wählen, die beiden Dreiecke markieren. Unter *Jede Kopie drehen (3)* einen Winkel eingeben, durch den 180° teilbar ist (18°, 20°, 30°, 36°), bei dem die Dreiecke aber einen angenehmen Abstand haben. Bei den gezeigten Dreiecken ist ein Abstand von 20° passend. Minus oder Plus sind zu vernachlässigen, hierdurch wird das Muster nach rechts oder links gedreht. Nun so oft *Replizieren* wählen, bis der Kreis mit Dreiecken gefüllt ist.

16 Die Dreiecke, die den Schriftzug überdecken, entfernen. Dann die oberen Dreiecke markieren und gruppieren (1), die unteren Dreiecke ebenfalls. Ggf. beide Gruppen einzeln drehen, sodass die Lücke um den Großbuchstaben größer und die bei den Kleinbuchstaben kleiner wird. Sie können Objekte drehen, indem Sie den grünen Kreis greifen und nach rechts oder links neigen.

17 Zur besseren Sichtbarkeit der Flächen alle Elemente markieren, dann das *Füllfarben-Fenster (1)* öffnen und eine dunkle Farbe als Füllfarbe wählen. Die Außenlinien sind noch rot markiert. Zum Entfernen der Außenlinie öffnen Sie das *Linienfarben-Fenster (2)* und wählen die karierte Fläche (3). Die rote Linie verschwindet. Falls Ihnen der gebogene Schriftzug noch zu klein ist, können Sie ihn noch etwas anpassen. Dazu den Schriftzug mit Doppelklick auswählen (das *Textstil-Fenster* öffnet sich dabei automatisch). Mit der Maus über den Text fahren, bis der Text blau hinterlegt ist, dann die Textgröße vergrößern. Ggf. den Text in dem Fenster noch etwas nach rechts oder links schieben (siehe Punkt 6 (1)), sodass er nicht den mittleren Text überdeckt. Speichern Sie den Text in der Bibliothek und/oder auf der Festplatte.

Messer einstellen und schneiden

Automatisches Messer einsetzen und Messerlänge justieren (CAMEO 3)

Die CAMEO 3 verfügt über zwei Halterungen für Messer bzw. Stifte. Sofern Sie mit einem automatischen Messer arbeiten, können Sie dieses nur in der linken Halterung befestigen. Rechts ist Platz für ein normales Messer oder einen Stift.

1 Setzen Sie das automatische Messer in die linke Halterung ein. Halten Sie den kleinen Hebel vorne dabei von unten fest, um zu verhindern, dass Sie das Messer bis auf die Schiene drücken und die Messerspitze beschädigen. Durch eine Nut kann das Messer lediglich in einer Position in die Halterung geschoben werden, die Zahlen zeigen dabei nach vorne.

2 Schieben Sie dann den kleinen Hebel nach hinten. Die Lücke schließt sich und das Messer sitzt nun fest in der Halterung.

3 Die CAMEO 3 funktioniert im Standardmodus wie ihre Vorgänger mit nur einer Halterung. Öffnen Sie dafür die *Schnitteinstellungen (1)* und wählen Sie dann den Schneidemodus *Standard (2)*. Sofern Sie Ihr Messer in die linke Halterung eingesetzt haben (roter Kreis) wählen Sie am Bildschirm auch diese Halterung aus (3). Achtung: Die entsprechenden Einstellungen erscheinen nur, wenn der Plotter am PC angeschlossen ist. Sie können dann das entsprechende Material auswählen und ggf. die Messerlänge, Dicke etc. anpassen (4).

4 Die Messerlänge stellt sich automatisch ein, wenn im Silhouette Studio bei den *Schnitteinstellungen (1)* die *automatische Klinge (Automatic Blade) (2)* ausgewählt wird. Sobald Sie den Schneidevorgang mit *An Silhouette senden* starten, fährt der Messerhalter nach links und stellt die gewählte Messerlänge (3) ein. Anschließend beginnt der Schneidevorgang.

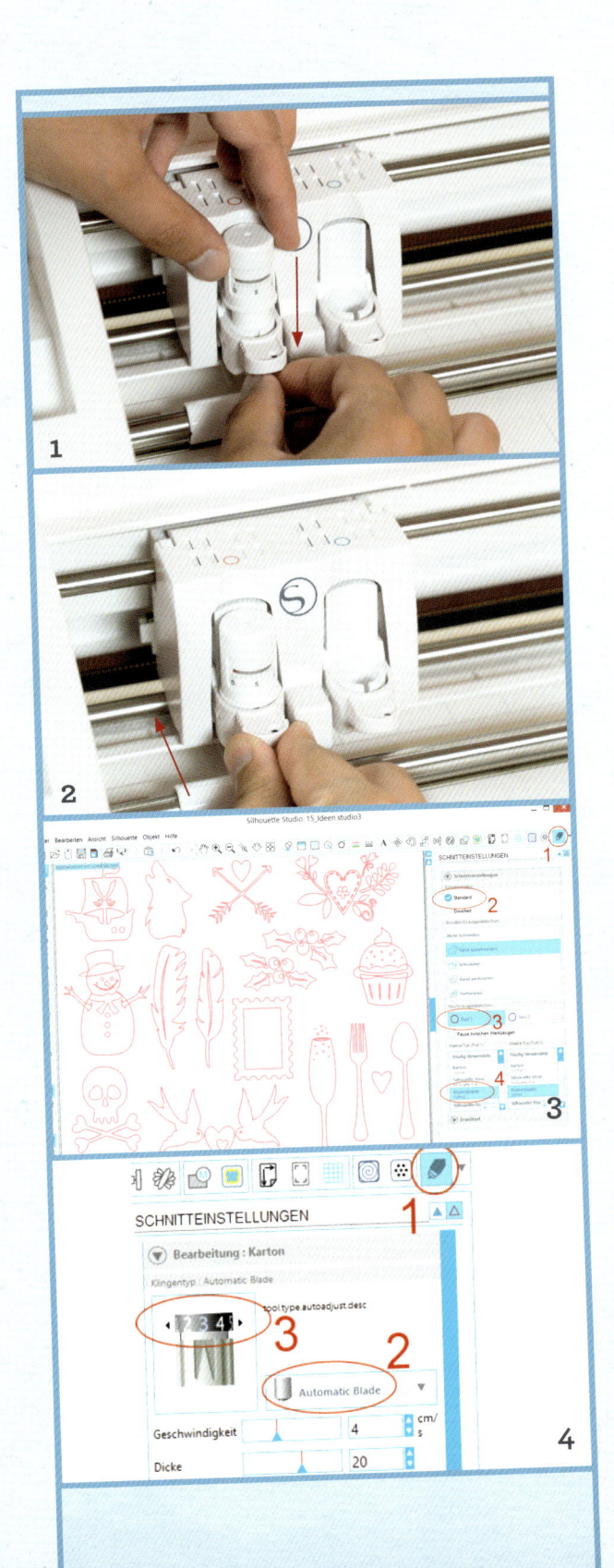

HINWEIS: Wie bereits erklärt, gibt die Studio-Software bei den verschiedenen Schnitteinstellungen Empfehlungen für die Messerlänge und die Dicke (Andruckstärke) vor. Diese Empfehlungen können bei Ihnen (hin und wieder) abweichen. Einflussfaktoren können verschiedene Mattenstärken (z. B. selbst hergestellt oder von Fremdherstellern), das Alter und die Schärfe des Messers oder die Herstellercharge des Messers sein. Fangen Sie im Zweifelsfall mit einer etwas niedrigeren Messerlänge an. Wenn Sie es einmal mit der Messerlänge stark übertrieben haben, ist die Matte durchgeschnitten und Sie benötigen eine neue Schneidematte. Lediglich bei einigen Materialien sind die Vorgaben der Studio-Software nicht ausreichend (z. B. Karton, Kopierpapier mittel).

Manuelles Messer einsetzen und Messerlänge justieren (CAMEO 2)

1 Wenn Sie bei den Schnitteinstellungen Ihr Material rausgesucht haben (1), schlägt Ihnen das Studio automatisch eine Messerlänge (2) vor.

2 Sie nehmen das Messer und stellen es auf die vorgeschlagene Messerlänge ein. Die Silhouette CAMEO hat dazu eine Vorrichtung im Gerät, mit dem Sie die Messerlänge anpassen können. Setzen Sie dafür das Messer in die Führung, der rote Pfeil am Messer zeigt vorne auf den Pfeil an der Führung. Die gewünschte Messerlänge erreichen Sie nun durch Drehen.

3 Den Hebel nach links legen. Schieben Sie nun das Messer bis zum Anschlag in die Halterung. Halten Sie den Hebel dabei von unten fest, um zu verhindern, dass Sie das Messer bis auf die Schiene drücken und die Messerspitze beschädigen. Die längliche Nase am Gewinde zeigt dabei nach vorne.

4 Verriegeln Sie nun den Hebel mit einer Drehung nach rechts. Das Messer ist fest.

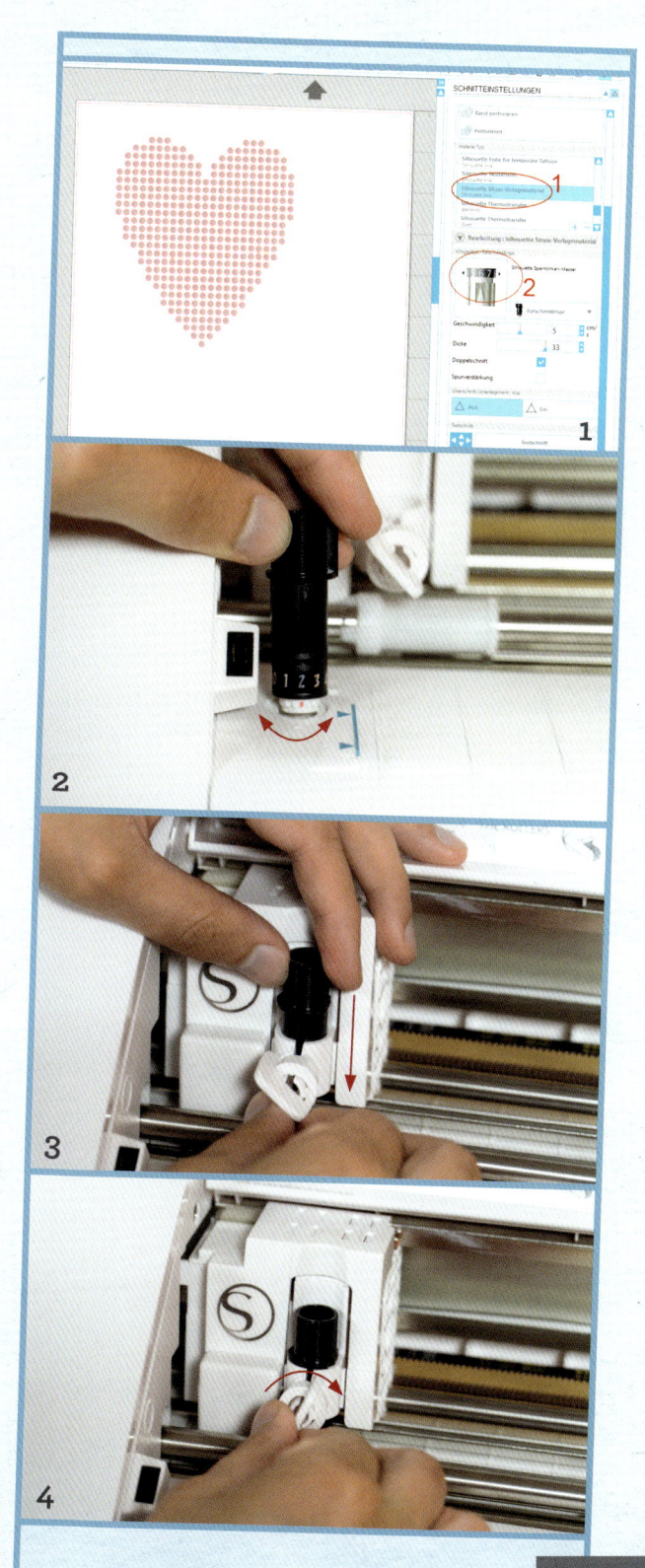

Dicke

Nach der Auswahl des Materials gibt Ihnen das Studio eine weitere Vorgabe bei Dicke. Dicke bedeutet in dem Fall Anpressdruck. Übrigens: Sollte ein Material mal nicht komplett durchgeschnitten sein, erhöhen Sie den Anpressdruck – also die Dicke. Danach wählen Sie den Doppelschnitt. Wenn Sie einfach die Messerlänge erhöhen, schneidet Ihnen das Messer evtl. durch die Matte.

Matte richtig einsetzen (CAMEO 3)

Folien, die bereits auf einer Trägerfolie sitzen, können ohne Schneidematte eingezogen und geschnitten werden. Im Gegensatz zur CAMEO 2 unterscheidet die CAMEO 3 nicht mehr zwischen *Load cutting mat* und *Load media*. Bei der CAMEO 3 wird so geschnitten, wie Sie es bei den Voreinstellungen eingegeben haben. Öffnen Sie das Fenster *Design-Seiteneinstellungen (1)* und wählen Sie anschließend den Träger (2) aus. Die CAMEO 3 berechnet dann die Stelle, bei der Sie mit dem Schnitt beginnen muss.

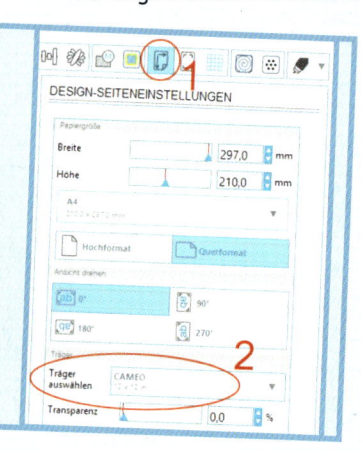

Legen Sie die Matte bzw. die Folie an die linke – türkis markierte – Linie und wählen Sie auf dem Display den Befehl *Laden.* Die Schneidematte wird eingezogen.

Beim Schneiden mit kleineren Matten müssen Sie die rechte, weiße Transportrolle nach links schieben. An den Kerben rastert sie ein. Erklärt wird dies bei den Stempeln (s. S. 59, Schritte 2–3) oder im Deckel des Plotters.

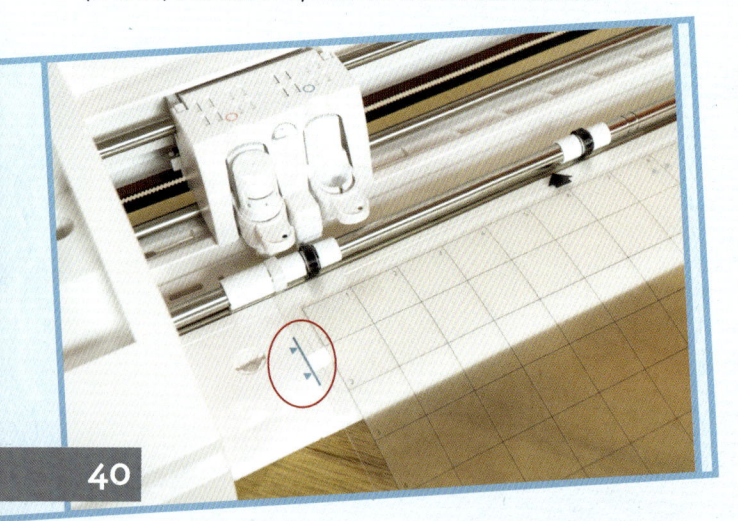

Matte richtig einsetzen (CAMEO 2)

Die Schneidematte an die Markierung ganz links legen und sie nach vorne bis leicht unter die weißen Rollen schieben. Wählen Sie dann auf dem Display *Load cutting mat* und bestätigen Sie mit Enter. Die Schneidematte wird eingezogen. Bei kleineren Matten bzw. Folien mit Trägerfolie müssen Sie die rechte, weiße Transportrolle nach links schieben.

Testschnitt

Nach Auswählen der Schnittparameter und des Materials können Sie mit den eingestellten Angaben einen Testschnitt durchführen, um zu prüfen, ob die von Ihnen gewählten Einstellungen wirklich passen.

Bei den *Schnitteinstellungen (1)* und nach Auswählen des Materials (2) erscheint unten das *Testschnitt-Feld*. Wählen Sie dieses erst nach Einlegen des Materials aus, der Plotter beginnt sofort mit einem kleinen Testschnitt (kleines Dreieck in einem 1 cm großen Quadrat) in der linken oberen Ecke.

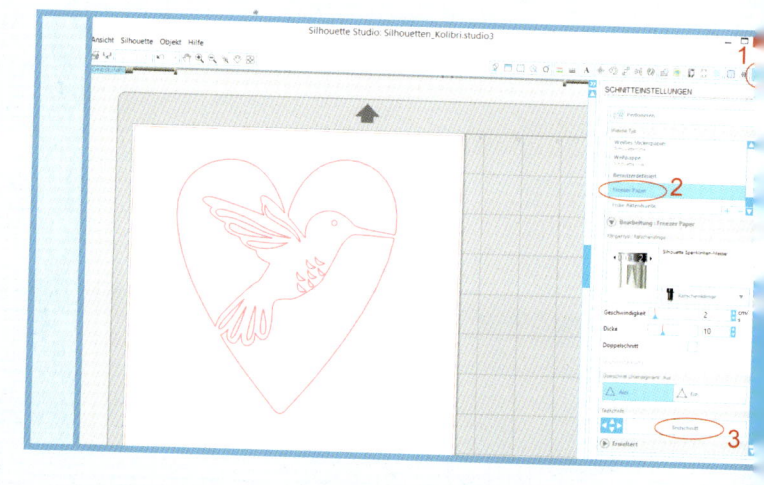

Jetzt ist Ihr Plotter bereit und Sie können Ihr Motiv mit *An Silhouette senden* schneiden.

TIPP: In der TOPP Digitalen Bibliothek finden Sie eine Übersicht, in welcher Sie Ihre eigenen Schnitteinstellungen eintragen können. Die Datei ausdrucken, ausfüllen und in den Buchdeckel legen.

Mit zwei Messerhalterungen arbeiten (CAMEO 3)

Bei dem folgenden Beispiel handelt es sich um die Schachtel von Seite 94, bei der zunächst gezeichnet und dann geschnitten wird. Dadurch sind die nötigen Einstellungen etwas umfangreicher.

1 Setzen Sie in die linke Messerhalterung das automatische Messer ein. Rechts einen Skizzenstift (Gelstift mit extra Halterung oder Silhouette Sketch Pen) einsetzen.

2 Öffnen Sie zunächst die *Schnitteinstellungen (1)* und wählen Sie dann den Schneidemodus *Erweitert (2)*. Sie können dann den einzelnen Farben im Dokument unterschiedliche Parameter zuweisen (3).

3 Die Schrittfolgen durch Anklicken und Verschieben in die gewünschte Reihenfolge bringen (1). Im gezeigten Beispiel werden zuerst die Linien gezeichnet und anschließend wird die Schachtel geschnitten. Dafür die blaue Ebene über die schwarze Ebene ziehen. Wählen Sie eine der Ebenen aus und geben Sie dann die gewünschten Parameter ein. Die schwarze Linie soll im gezeigten Beispiel geschnitten werden. Wählen Sie in der Spalte *Tool* den roten Kreis bzw. die Halterung mit dem Messer aus (1). Dann das verwendete Material auswählen (2) und ggf. die Messerlänge anpassen (3). Sofern Sie das automatische Messer von Silhouette verwenden, wählen Sie nun das *Automatische Messer (Automatic Blade) (4)* aus. Für die blauen Linien wurde die rechte Halterung mit einem Skizzenstift gewählt (1).

4 Legen Sie die Schneidematte ein und senden Sie Ihre Datei dann an die Silhouette. Bei der Pralinenschachtel werden jetzt zuerst die Linien gezeichnet. Anschließend fährt die Halterung nach links und das Messer wird automatisch auf die zuvor festgelegte Länge eingestellt, um das Motiv schließlich zu schneiden.

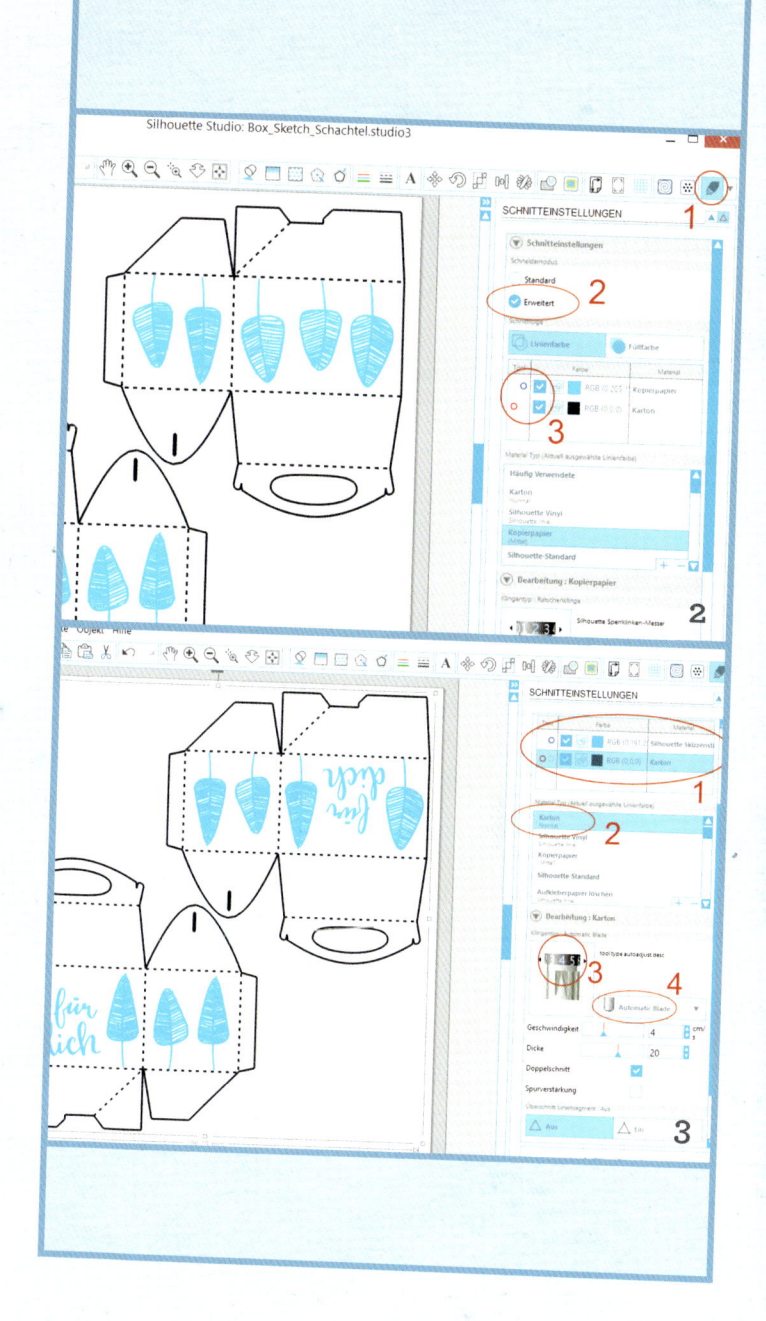

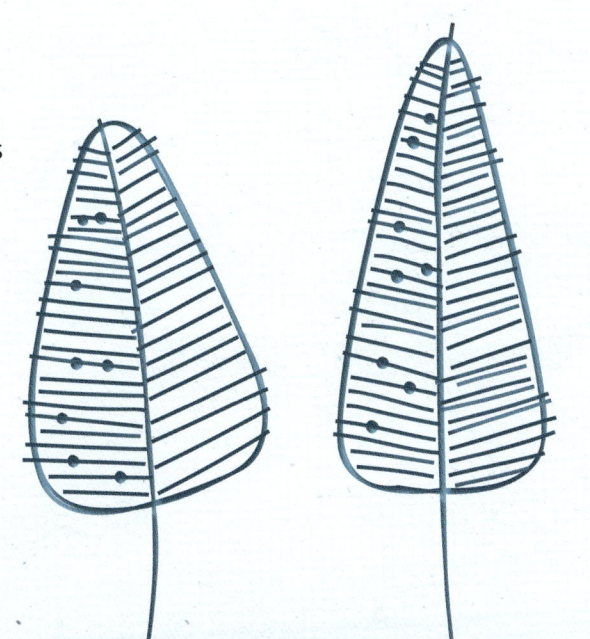

41

Mit besonderen Materialien arbeiten

Papier

Silhouette und Papier sind das Dream-Team schlechthin. Noch vor dem Arbeiten mit Folien. Und obwohl es wohl eines der umfangreichsten Themen ist, wird das Schneiden von Papier an dieser Stelle des Buches nur einen kleinen Teil einnehmen.

Wichtig beim Arbeiten mit Papier ist, dass Sie die Grammatur der verwendeten Papiere kennen. Die verschiedenen Papierstärken haben große Auswirkungen auf die Einstellungen des Schneidemessers. Zusätzlich sollten Sie ein separates Messer für Papierarbeiten verwenden und dies häufiger durch ein neues Exemplar ersetzen als das Messer für andere Materialien. Papier lässt Messer – wie Scheren ebenfalls – schneller stumpf werden.

Projekt: Eine brillante Karte

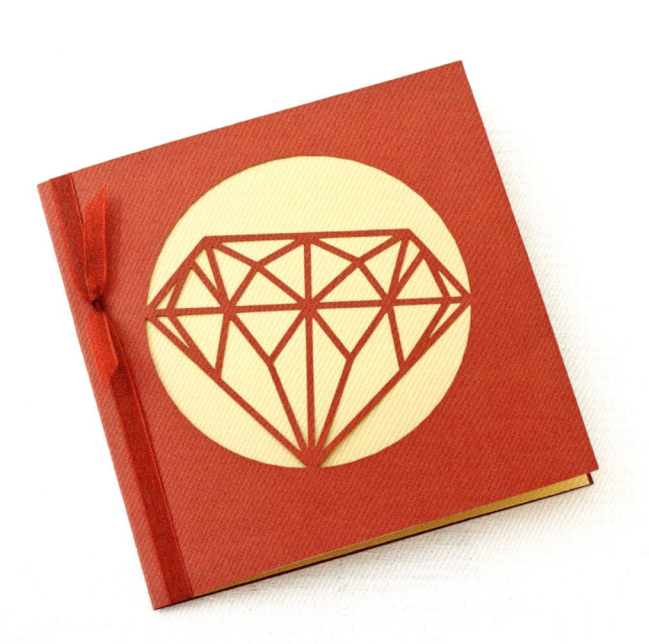

Material

- Tonzeichenpapier in Dunkelrot und Gold, je A4
- Rest Organzaband in Dunkelrot

1 Die Datei „Karte_Brillant" öffnen und diese in die Mitte der virtuellen Arbeitsfläche setzen. Öffnen Sie das *Schnitteinstellungen-Fenster (1)* und wählen Sie *Erweitert (2)*. Wenn Sie nur die Außenlinien schneiden wollen (und die Falzlinie nicht perforieren wollen), wählen Sie die schwarzen Linien aus (3). Tonzeichenpapier hat eine Grammatur von ca. 130g/m², wählen Sie z. B. die Einstellungen für Kopierpapier (mittel) (4). Das Messer auf die empfohlene Länge stellen (5) und die Geschwindigkeit auf 5 reduzieren (6). Lassen Sie die Karte schneiden.

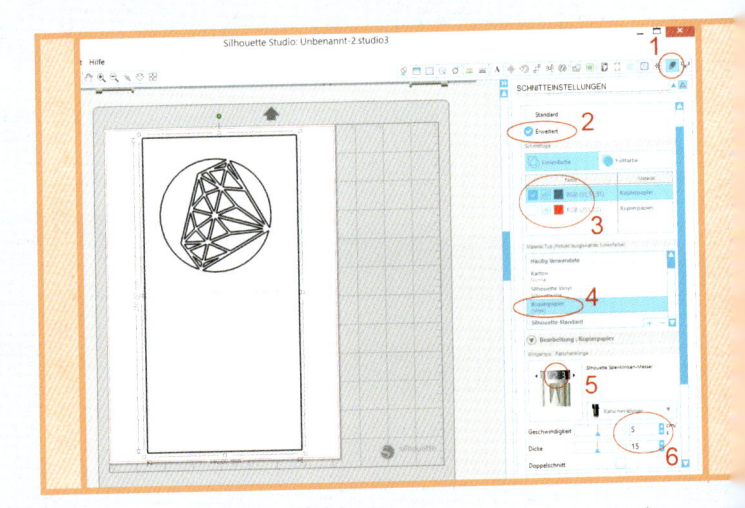

TIPP: Bei dünnem Karton lasse ich die Falzlinien nicht perforieren, stattdessen falze ich sie am Ende mit einem Falzbein. Bei stärkeren Kartonsorten ist das anders, die lasse ich mir gerne perforieren.

2 Falzen Sie die Karte in der Mitte. Schneiden Sie eine Innenkarte mit etwas kleineren Maßen aus und legen Sie diese in die Karte mit dem Brillant. Am Falz eine Schleife befestigen.

Bügelfolie

Mit Bügelfolien kann man schnell Kleidungsstücke oder Taschen aufpeppen: Flexfolien, Flockfolien, bedruckbare Folien, Glitzerfolien, Hologrammfolien oder reflektierende Folien sind nur ein Teil der auf dem Markt erhältlichen Folien. Die meisten Folien gibt es für Baumwolle und Synthetikfasern. Die tatsächliche Auswahl der passenden Folie kann durchaus etwas Zeit in Anspruch nehmen. Flexfolien und Flockfolien werden am häufigsten verwendet.

Flexfolie: Eine meist matte und dehnbare, dünne Folie, erhältlich in Einfarbig oder Gemustert. Kann in mehreren Schichten aufgebügelt werden.

Flockfolie: Eine samtartige, etwas stärkere Folie, erhältlich in Einfarbig oder Gemustert. Vereinsshirts sind häufig mit dieser Flockfolie bedruckt. Bei der Verarbeitung ohne Transferpresse ist sie leichter zu verarbeiten als Flexfolie.

Die Folie klebt durch das Erhitzen der Klebeschicht mit dem Bügeleisen oder einer Transferpresse. Aber erst durch zusätzlichen Druck verbindet sich der Stoff richtig mit der Folie. Leichter ist das Aufbügeln mit einer Transferpresse. Temperatur und Druck lassen sich dabei individuell einstellen. Wenn Sie mit Bügelfolie veredelte Kleidungsstücke oder Taschen verkaufen wollen, ist die Anschaffung einer Transferpresse sicherlich sinnvoll. Für die private Verwendung solcher Kleidungsstücke können Sie abwarten und die Kleidungsstücke einfach einige Zeit beobachten. Hält die Folie auch beim Waschen? Oder löst sie sich sehr schnell wieder ab?

Bügelfolien haben bereits eine Trägerfolie, Sie können die Motive also auch ohne Schneidematte zuschneiden. Achten Sie dann aber darauf, dass Sie beim Plotter den Befehl *Laden (1)* wählen und – falls die Folie sehr schmal ist – die weiße Transportrolle nach links verschieben (2) (Anleitung siehe Stempel, Seite 59). Das Schneiden ohne Schneidematte ermöglicht Ihnen natürlich auch größere Projekte. Grundsätzlich ist das Schneiden mit einer Schneidematte empfehlenswert, da es die Schneideleiste schützt.

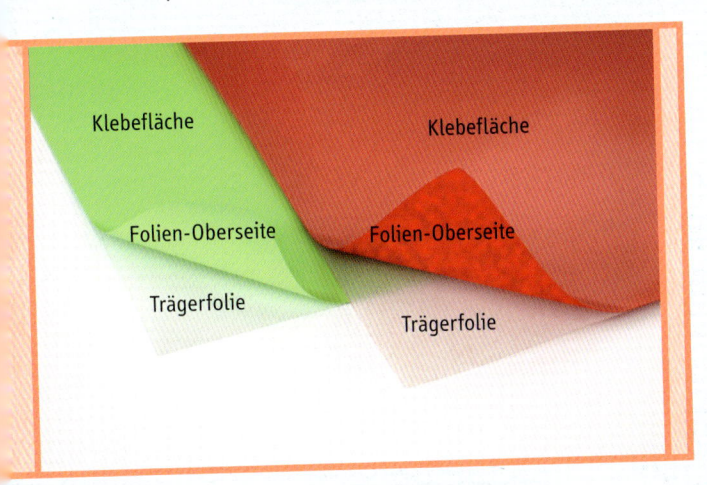

Flexfolie in Grün, Flockfolie in Rot

WICHTIG: Bei der Verarbeitung von Bügelfolien ist es wichtig, dass Sie das Design vor dem Plotten spiegeln. Nur so sitzt es nach dem Aufbügeln wieder richtig herum.

Ein paar Dinge sind beim Arbeiten mit Bügelfolien noch zu beachten: Die Kleidungsstücke sollten vor dem Verarbeiten ohne Weichspüler gewaschen werden – Imprägnierungen jeder Art erschweren oder verhindern sogar das Zusammenkleben von Stoff und Folie. Sorgen Sie während des Aufbügelns für einen festen und hitzebeständigen Untergrund. Legen Sie ein altes Holzbrett auf den Fußboden, dort können Sie mit dem Bügeleisen mehr Druck auf die Designs ausüben. Die Kleidungsstücke sollten danach auf links gewaschen werden.

Genaue Angaben zur Aufbügeltemperatur und -zeit, Waschempfehlungen und mögliche Textilien erhalten Sie vom Hersteller. Die Angaben unterscheiden sich je nach Folienart und Hersteller.

TIPP: Mein Bügeleisen ist so stabil, dass ich mich beim Aufbügeln von Folien mit meinem gesamten Gewicht auf den Griff stützen kann. Getestet habe ich das nach und nach durch Erhöhen des Gewichts.

Projekt: Sommershirt für Kinder aufpeppen

Material

- Bügelfolie (Flex) in Orange, 15 cm × 15 cm
- Bügelfolie (Flex) in Rot, 18 cm × 15 cm
- Rest Bügelfolie (Flex) in Pink
- Kindershirt in Dunkelblau
- Entgitterhaken
- Holzbrett, Backpapier und Bügeleisen zum Aufbügeln

1 Die Datei „Silhouetten_Sommer" öffnen. Den verschiedenen Objekten unterschiedliche Farben zuordnen (sie sollen später einzeln und aus verschiedenen Folien geschnitten werden). Dann das *Replizieren-Fenster (1)* öffnen und die *Designs spiegeln (2)*. Die Original-Vorlage löschen und das gespiegelte Design wieder zurück auf die virtuelle Arbeitsfläche schieben.

2 Das *Schnitteinstellungen-Fenster (1)* öffnen und *Erweitert (2)* wählen. Nun können Sie den einzelnen Farben die entsprechenden Designs zuordnen und einzeln schneiden. Wählen Sie z. B. die Sonne mit einem Häkchen aus und schieben das Motiv in die obere linke Ecke. Legen Sie dann die orangefarbige Folie so auf die Schneidematte, dass die (glänzende) Trägerfolie auf der Schneidematte klebt. Die matte (Flex-)Folie zeigt nach oben. *Silhouette Thermotransfer (Glatt) (3)* wählen und die Daten an Silhouette senden.

3 Entfernen Sie dann mit dem Entgitterhaken die überstehende Folie (auch Entgittern genannt). Leichter wird diese Arbeit auf einem von unten beleuchteten Glastisch. Die feinen Schneidelinien werden dadurch besser sichtbar und das Entgittern leichter.

4 Die restlichen Motive aus der roten (Flex-)Folie ausschneiden, entgittern und auf dem T-Shirt positionieren (bei mehrlagigen Designs nur die unterste Lage). Stapeln Sie dann Holzbrett, T-Shirt, Bügelfolien (die glänzende Seite der Trägerfolie zeigt nach oben) und Backpapier übereinander. Alle Motive nach Herstellerangaben bügeln. Entfernen Sie die Folie (bei manchen Folien im heißen Zustand, bei anderen Folien im kalten Zustand) und pressen Sie dann das Design nochmals von der linken Stoffseite mit viel Druck, sodass sich Folie und Stoff gut miteinander verbinden. Bei mehrfarbigen Motiven bügeln Sie zunächst die unterste Schicht auf und ziehen die Trägerfolie vorsichtig ab. Legen Sie dann die zweite Folie auf die erste Folie (z. B. die pinken Wangen der Sonne) und bügeln Sie diese erneut durch das Backpapier. Die Trägerfolie entfernen und erst dann noch mal von der linken Stoffseite pressen. Wie viele Folienschichten Sie übereinander bügeln möchten, entscheiden Sie. Nach drei Folienschichten wird das Motiv etwas steif.

TIPP: Sie wollen ein mehrfarbiges Motiv aus Flockfolie schneiden? Diese Folienart können Sie nicht „stapeln". Schneiden Sie dafür die Stellen aus, die Sie aus einer anderen Farbe arbeiten wollen, bei der Sonne also die pinken Wangen (1). Diese arbeiten Sie dann in einer anderen Farbe. Rechnen Sie beim Aufbügeln jedoch damit, dass sich sehr kleine Spalten zwischen den Farben bilden können und der Stoff dadurch sichtbar werden kann. Beim Schneiden wählen Sie dann die Voreinstellung für *Thermotransfer Beflockt (2)*. Bügeln Sie dann zunächst die Sonne und im nächsten Schritt die Wangen auf.

Vinylfolie

Bei Vinylfolie unterscheidet man nach Indoor- und Outdoor-Vinylfolie und bei letzterer nochmal nach der Länge der Haltbarkeit. Vinylfolie klebt auf einem mit Folie beschichteten Papier und kann somit ohne Schneidematte geschnitten werden. Voraussetzung ist, dass die Folie so breit ist, dass sie unter den Transportrollen laufen kann. Beim Einzug der Folie dann am Gerät *Load Media* wählen. Nur kleine Reste von Vinylfolie werden auf der Matte geschnitten. Weiterhin benötigen Sie eine Klebefolie zum Übertragen der Motive auf den entsprechenden Untergrund (z. B. Wand, Auto).

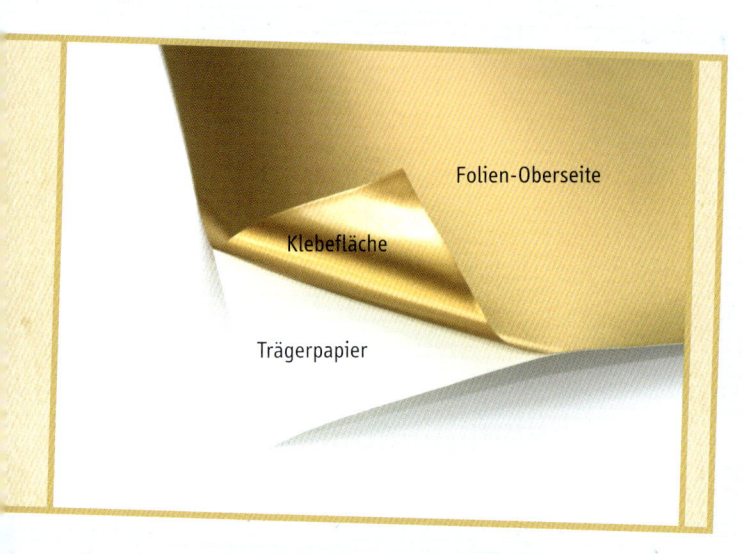

Die Bezeichnung Oracal® ist den meisten Anbietern von Folien ein Begriff. Vielleicht hat der Händler nicht die Original Oracal®-Folien, kann seine Folien aber damit vergleichen.

Zum Übertragen von Vinylfolien bietet der Handel spezielle Transferfolien. Das sind nur leicht klebende Folien, die nach dem Entgittern auf das Motiv geklebt, dann mit der Vinylfolie vom Träger gelöst und auf den gewünschten Untergrund geklebt werden können. Für kleinere Motive können Sie auf Bucheinschlagfolie zurückgreifen. Da diese sehr stark haftet, kleben Sie sie auf eine fusselige Unterlage (Wolldecke, T-Shirt o. Ä.), um die Klebekraft zu schwächen.

Grundsätzlich lassen sich fast alle Motive aus Folie schneiden. Sogar einzelne Punkte landen am Ende am gewünschten Ort. Ihre Designs werden mithilfe von aufgeklebter Folie übertragen, da kann kein Motiv verrutschen.

Indoor Vinylfolie (Oracal® 631): Für die Verwendung in Innenräumen, hat eine matte Oberfläche, wiederablösbar.

Outdoor Vinlyfolie (Oracal® 651): Für die Verwendung im Außenbereich oder für Flächen, die besonders beansprucht werden, hat eine glänzende Oberfläche, permanent klebend.

Projekt: Vase aufhübschen (Trockenklebetechnik)

Material

- gerade Vase, gereinigt
- Vinylfolie (Indoor)
- Übertragungsfolie (alternativ Bucheinschlagfolie)
- Entgittermesser

1 Das gewünschte Motiv (z. B. die Datei „Silhouetten_Dreiecke") öffnen und auf die virtuelle Arbeitsfläche legen. Die Vinylfolie mit dem Trägerpapier auf die Schneidematte kleben, die bunte Seite der Folie zeigt nach oben, das Trägerpapier zur Schneidematte.

2 Öffnen Sie das *Schnitteinstellungen-Fenster (1)* und wählen Sie *Silhouette-Vinyl (2)*. Die Folie schneiden.

3 Entfernen Sie mit dem Entgittermesser alle Flächen um das Motiv und die Dreiecke in der Mitte.

4 Nehmen Sie etwas Übertragungsfolie, die größer ist als Ihr zu übertragendes Motiv. Die Folie auf das Vinyl kleben und alles vorsichtig vom Trägerpapier lösen. Kleben Sie dann Vinyl- und Übertragungsfolie auf die Vase und drücken Sie alles mit einem Tuch fest. Die Übertragungsfolie vorsichtig vom Motiv lösen. Pressen Sie danach die Folie mit dem Tuch fest.

Motive aufbringen mit der Nass-Technik

Große Motive können Sie mit der sogenannten Nass-Technik aufbringen. Diese bietet sich bei großen, geraden Flächen an (z. B. Motive auf Fensterscheiben). Mit ihr lassen sich Blasen unter der Folie vermeiden. Sie brauchen dafür zusätzlich etwas Malerkrepp, einen Rakel und eine Sprühflasche mit Wasser und einem kleinen Spritzer Spülwasser.
Plotten und entgittern Sie Ihr Motiv. Kleben Sie die Übertragungsfolie auf Ihr Motiv und legen Sie es dann auf den geplanten Untergrund. Befestigen Sie alles am oberen Rand mit Malerkrepp. Klappen Sie Ihr Vinylmotiv nach hinten um und sprühen Sie die Oberfläche des geplanten Untergrundes mit dem Wasser-Seife-Gemisch leicht ein. Dann das Trägerpapier vom Vinylmotiv entfernen und nach unten klappen. Das Wasser mit dem Rakel von der Mitte aus nach außen schieben. Wischen Sie das auslaufende Wasser weg. Entfernen Sie nun ganz vorsichtig die Übertragungsfolie (die Vinylfolie kann durch den nassen Untergrund evtl. etwas mehr an der Übertragungsfolie kleben als am Untergrund). Das Motiv gut trocknen lassen. Je geschlossener die Fläche ist, desto länger dauert dieser Vorgang.

Schablonen

Um Stoff mit eigenen Motiven und Stoffmalfarbe bedrucken bzw. bemalen zu können, eignen sich Schablonen aus Folie (wiederverwendbar) oder Freezer Paper (einmalig verwendbare Schablone). Zum Herstellen von Schablonen dürfen die Motive keine Innenflächen haben, sie dürfen lediglich aus einer Außenlinie bestehen. Ein einfaches Beispiel für innenliegende Flächen sind Buchstaben wie o, e oder a. Wenn Sie Schablonen zuschneiden, werden die innenliegenden Flächen separat zugeschnitten. Beim Aufkleben oder Aufbügeln der Vorlagen müssen Sie diese Flächen einzeln befestigen (wie z. B. das Strassstein-Auge des Einhorns). Oder Sie öffnen die innenliegenden Flächen wie auf dem rechten Bild den Buchstaben h.

Zum Öffnen der Buchstaben *Radiergummi (1)* wählen, dann den *Kleinen Radierer (2)* und *Fest (3)* wählen. Radieren Sie einen Teil des h weg (4). Öffnen Sie zusätzlich die Buchstaben l, E, ö und e.

Wählen Sie dann das Werkzeug *Punkte bearbeiten (1)*, wählen Sie je einen Punkt in einem überarbeiteten Bereich aus und *löschen* bzw. *bearbeiten* Sie diesen (3).

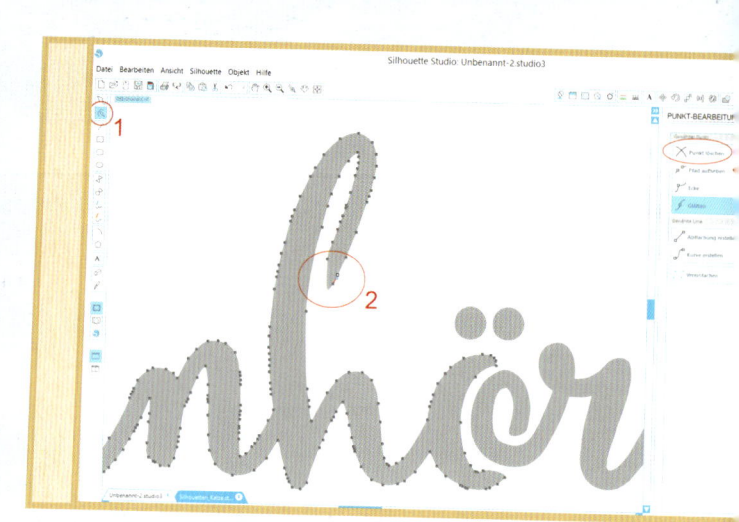

Projekt 1: Schablonen für Stoffdruck aus Freezer Paper

Material

- Freezer Paper
  (alternativ Silhouette Stencil Material)
- Bügeleisen
- Stoffmalfarbe in Gold (Glitter) und Pinsel
  (alternativ kleiner Schwamm)
- Stoffmalstifte in Regenbogenfarben
- feste Pappunterlage
- Strassstein, ø 3 mm

1 Öffnen Sie das zu plottende Bild, dann das *Schnitteinstellungen-Fenster (1)*. Die Einstellung für Freezer Paper ist nicht in der Übersicht enthalten. Sie können diese durch das *Plus (2)* hinzufügen. Ihr Eintrag wird in der Unterrubrik *Benutzerdefiniert* gespeichert. Geben Sie Ihrer Einstellung den Namen „Freezer Paper" (3). Stellen Sie dann die folgenden Parameter ein (4): Messer 1, Geschwindigkeit 3, Dicke 8. Den Plottvorgang mit *An Silhouette senden (5)* starten. Die Parameter können je nach verwendeter Schneidematte und dem Alter des Messers leicht variieren.

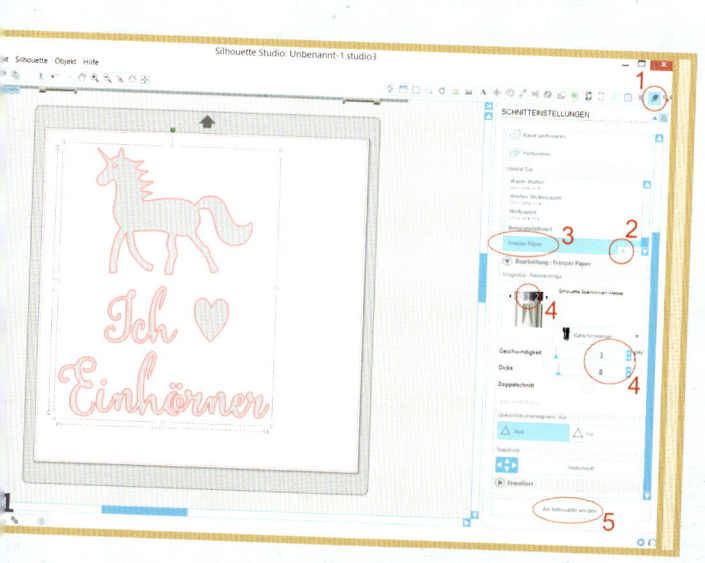

2 Die Schablone von der Schneidematte lösen und auf Ihr Objekt bügeln, sodass sie gut auf dem Stoff klebt. Legen Sie die Pappe unter den Stoff und malen Sie die ausgesparten Flächen aus. Den Schweif in Regenbogenfarben ausmalen. Entfernen Sie das Freezer Paper und lassen Sie die Farben gut trocknen. Zum Fixieren den Stoff nach Herstellerangaben bügeln. Dabei den Strassstein als Auge mit festbügeln.

Projekt 2: Schablonen aus transparenter Folie

Material

- Aktenhüllen (auch Sichthüllen genannt),
  ca. 0,15 mm stark, aufgeschnitten
- nichtpermanenter Sprühkleber

Im Gegensatz zu Freezer Papier ist transparente Folie nicht selbstklebend. Zum Fixieren der Folie benötigen Sie Sprühkleber. Sprühen Sie Ihre Schablone auf der Rückseite ein, lassen Sie den Klebstoff trocknen und legen Sie ihn erst dann auf den Stoff. Drücken Sie ihn fest. Nun das Motiv – wie oben beschrieben – ausmalen. Entfernen Sie dann die Schablone und reinigen Sie diese mit warmem Wasser. Nach dem Trocknen ist sie bereit für weitere Einsätze.

Geschnitten wird 0,15 mm starke Folie mit folgenden Einstellungen: Messer 3, Geschwindigkeit 2, Dicke 33, Doppelschnitt ✓. Auch hier können die Parameter je nach verwendeter Schneidematte, Alter des Messers etc. leicht variieren.

Print & Cut

Print & Cut ermöglicht Ihnen, zunächst ein Motiv zu drucken und es dann mithilfe von Passermarken genau zuschneiden zu lassen. Genau diese Passermarken hat das Studio bereits gespeichert. Sie brauchen nur noch ein Design, das erst gedruckt und dann geschnitten werden kann. Und für Ersteres benötigen Sie natürlich einen Drucker.

Projekt: Bedruckte Schachtel in Kissenform

Material

- Druckerpapier, ca. 250g/m²
- Drucker
- Rest Dekoband zum Verschließen

1 Öffnen Sie die Datei „Box_Pilow". Die Pfeile in der Datei zeigen an, in welche Richtung das Motiv auf der Schachtel zeigen sollte, damit es nach dem Zusammenfalzen richtig herum steht. Zur besseren Übersicht fehlen die Pfeile in den folgenden Bildern. Hinter den Schneidelinien soll eine etwas größere Fläche mit Mustern bzw. eingefügten Fotos entstehen, die etwas über die Schneidelinien herausragen. Falls der Plotter ein oder zwei Millimeter versetzt schneidet, ist kein weißer Rand zu sehen. Öffnen Sie von daher das *Offset-Fenster (1)*, markieren Sie das Motiv auf der virtuellen Schneidefläche und wählen Sie *Offset (2)*. Dann bei *Strecke (3)* einen 2 mm breiten Offset um die Schachtel legen. Wenn Sie ein großes Motiv als Hintergrund möchten, können Sie mit Schritt 4 fortfahren.

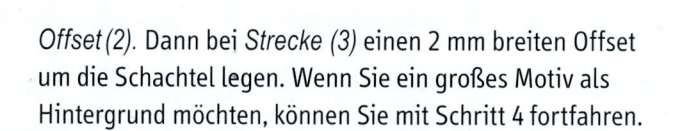

2 Wenn Sie auf jede Fläche der Schachtel ein anderes Bild laden möchten, legen Sie mit dem *Rechteck-Werkzeug (1)* ein Rechteck über den mittleren Teil. Öffnen Sie das *Modifizieren-Fenster (2)*, markieren Sie den Offset-Rand und das Rechteck und wählen Sie *Subtrahieren (3)*.

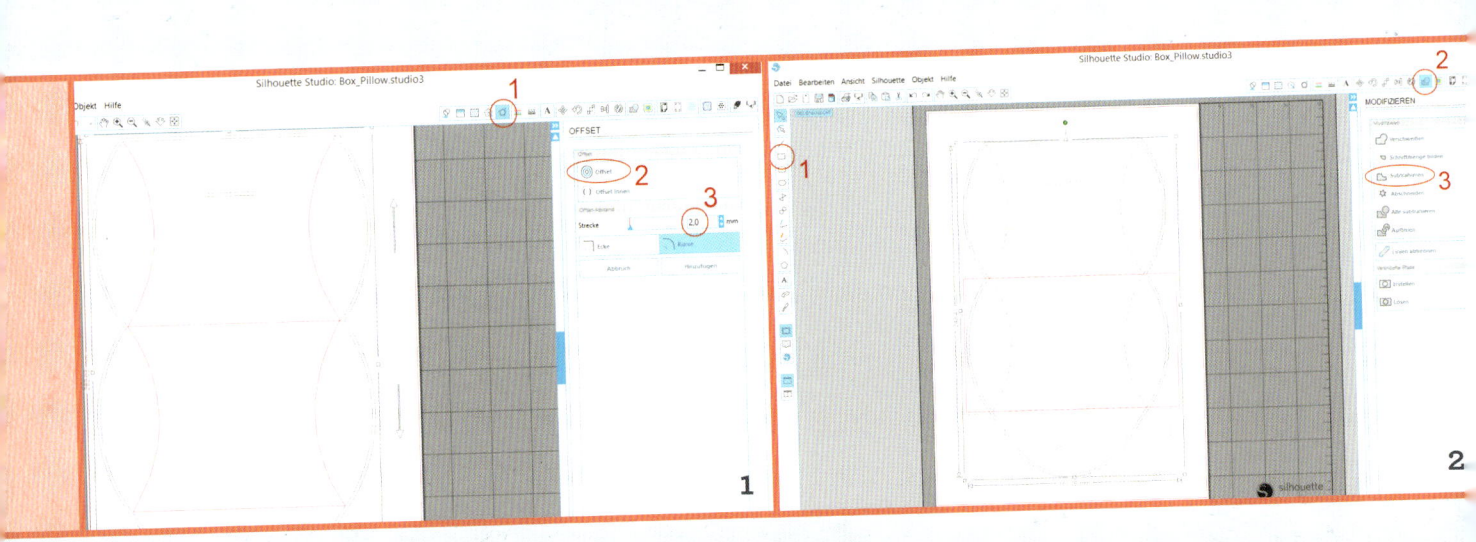

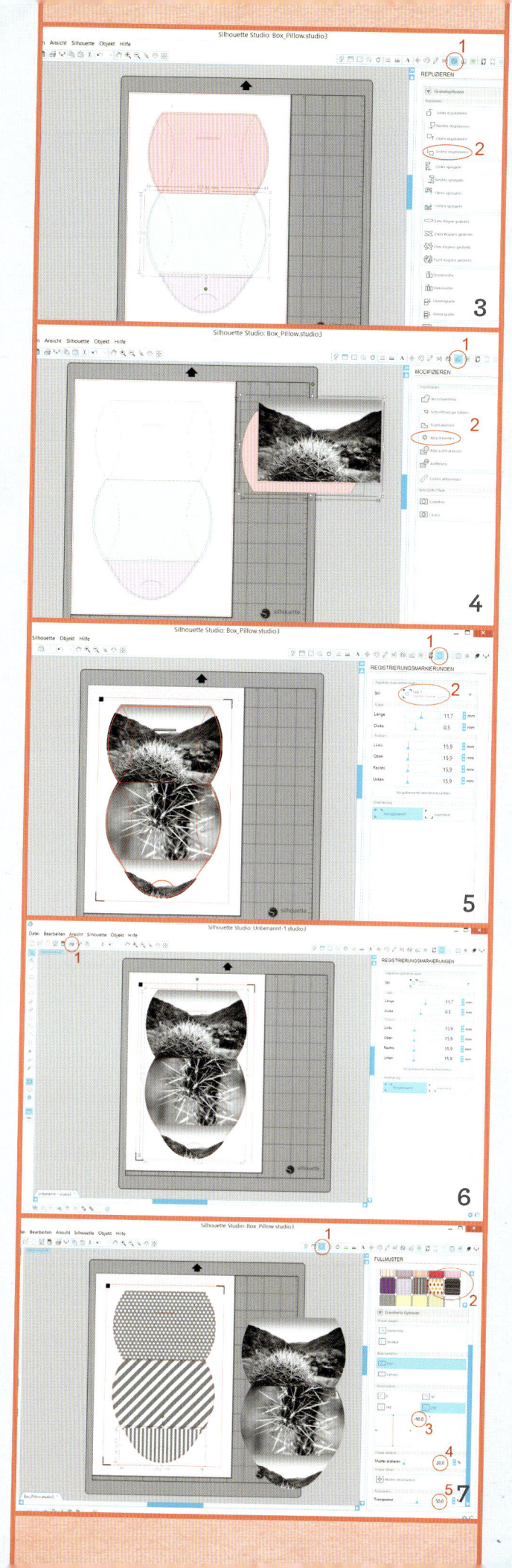

3 Um den mittleren Teil der Schachtel wieder mit einer Fläche zu hinterlegen, die obere Fläche wählen, das *Replizieren-Fenster (1)* öffnen und *Unten duplizieren (2)* wählen. Zur besseren Übersicht sind die drei Teile in unterschiedliche Farben geteilt.

4 Wenn Sie ein Foto in die Flächen füllen wollen, wählen Sie *Datei > Hinzufügen.* Dann den Ordner mit Ihren Fotos wählen, das Foto markieren und mit *Öffnen* bestätigen. Das Foto wird nun oben auf die Arbeitsfläche gelegt. Verkleinern Sie das Bild, bis es gerade über die rötliche Fläche passt. Beide Flächen markieren, das *Modifizieren-Fenster (1)* öffnen und *Abschneiden (2)* wählen. Liegt die rote Fläche vor dem Foto, wählen Sie den Befehl *Schnittmenge bilden.* Füllen Sie nach dem gleichen Prinzip die beiden anderen Flächen mit Fotos oder Mustern. Achten Sie darauf, dass das mittlere Bild auf dem Kopf stehen muss.

5 Für die Print & Cut Funktion benötigt das Programm die Passermarken zum späteren Schneiden. Öffnen Sie das Fenster für die *Registrierungsmarken (1)* und wählen Sie die Einstellung (2) für CAMEO, Portrait und Curio (Typ 1). Die Passermarken erscheinen automatisch.

6 Drucken Sie dann die Schachtel aus. Dazu *An Drucker senden (1)* wählen. Sofern Sie die Schneidelinien nicht manuell mit einer breiten, roten Linie hinterlegt haben (dies wurde hier zur besseren Visualisierung gemacht), werden auch nur das Bild und die Passermarken gedruckt.

7 Statt mit Fotos können Sie die Schachtelseiten auch mit Mustern füllen. Öffnen Sie dafür das *Füllmuster-Fenster (1)*, markieren Sie die entsprechende Fläche Ihrer Schachtel und wählen Sie ein Muster (2). Sie können dann noch einen Winkel angeben (3), die Größe des Musters (4) und die Transparenz (5). Die grauen Streifen und Punkte waren z. B. schwarz-weiße Muster. Durch Reduzierung der Transparenz wird daraus grau. Nun wie in Schritt 6 drucken.

8 Die roten Linien mit dem Linienstil-Werkzeug als perforierte Linie definieren. Dann den Ausdruck auf die Schneidematte legen, einziehen lassen und das Schnitteinstellungen-Fenster öffnen. Die passenden Materialeinstellungen auswählen und schneiden lassen. Der Plotter fährt nun die Passermarken ab und beginnt erst danach mit dem Schneidevorgang.

51

PixScan

Die PixScan-Matte ist eine Schneidematte, die bereits mit Passermarken versehen ist. Sie kleben ein Bild (Papier oder Stoff) auf die Matte und fotografieren oder scannen das Bild. Anhand der Passermarken erkennt das Studio Ihre Matte und entzerrt Ihr Bild. Sie können dann Schneidelinien in Ihr Bild einladen und gleich auf der Matte schneiden. Ein bisschen wie Print & Cut, nur dass Sie das Drucken nicht übernehmen müssen, sondern auf fertige Papiere (oder Stoffmuster) zurückgreifen können. Voraussetzung für PixScan ist, dass Sie die passende PixScan-Matte haben. Und Ihr Studio sollte mindestens die Version 3.1.417 haben. Wählen Sie *Hilfe > Über Silhouette Studio …*, um zu sehen, welche Version Sie haben. Sofern Sie noch eine ältere Version haben, können Sie unter *Hilfe > Nach Updates suchen …* die neueste Version herunterladen. Außerdem benötigen Sie eine Digitalkamera (Handy oder Tablet mit Fotofunktion sind ebenfalls möglich) oder einen Scanner. Eine weitere Voraussetzung ist, dass Ihre Kamera kalibriert ist (siehe Kalibrieren rechts).

Projekt: Motive für eine Karte ausschneiden (Motiv als Foto importieren)

Material

- Motivkarton mit Rosenmuster
- Kartenrohling
- Abstandsklebepads
- 5 Halbperlen und Perlenkleber
- Rest Dekogarn in Weiß-Gold
- PixScan-Matte
- Kamera
- gepunktetes Papier

1 Kleben Sie Ihr Papier auf die PixScan-Matte und fotografieren Sie es. Alle Passermarken müssen darauf sichtbar sein. Je gerader Sie das Foto machen, desto leichter fällt dem Programm die Umrechnung und desto exakter wird das Motiv.

2 Speichern Sie das Foto auf Ihrem PC. Die virtuelle PixScan-Matte (1) öffnen. Wählen Sie das Kalibrierungs-Profil für Ihre Kamera aus (Tipps zur Kalibrierung siehe rechts) (2), dann *PixScan-Bild aus Datei importieren (3)* wählen. Das Programm öffnet ein Fenster, Sie wählen Ihr Foto aus und bestätigen mit *Öffnen.* Das Programm benötigt etwas Zeit zur Umrechnung, dann erscheint rechts oben Ihr Foto in einem Fenster. Ihr Foto wird entzerrt auf die virtuelle PixScan-Matte geladen. Sie können nun einige Motive mit dem *Ellipsen-Werkzeug (4)* rund ausschneiden lassen. Andere Motive können Sie mit dem *Nachzeichnen-Werkzeug (5)* genau ausschneiden lassen. Bei dem abgebildeten Papier ist das Freistellen der Motive etwas schwerer, da es sich um helle Motive auf dunklem Hintergrund handelt.

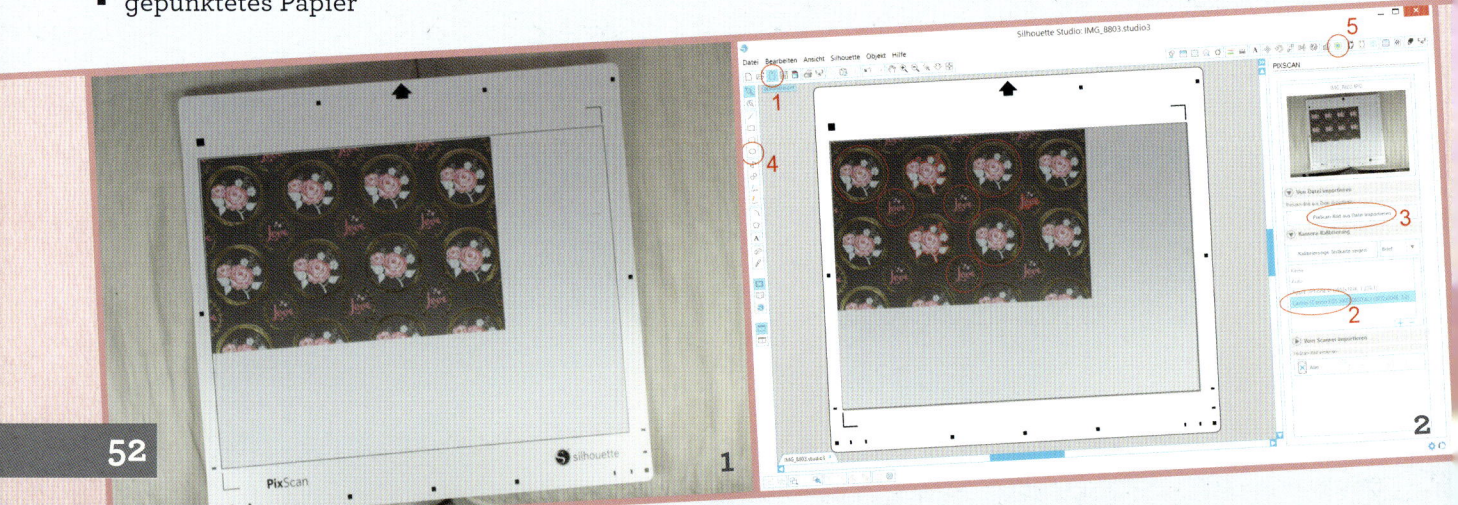

3 Öffnen Sie dann das *Schnitteinstellungen-Fenster (1)*. Das entsprechende Material auswählen *(2)*. Das Messer auf die passende Länge stellen und mit *An Silhouette senden (3)* bestätigen. Der Plotter benötigt etwas länger zum Abfahren der Passermarken und beginnt erst dann mit dem Schneiden.

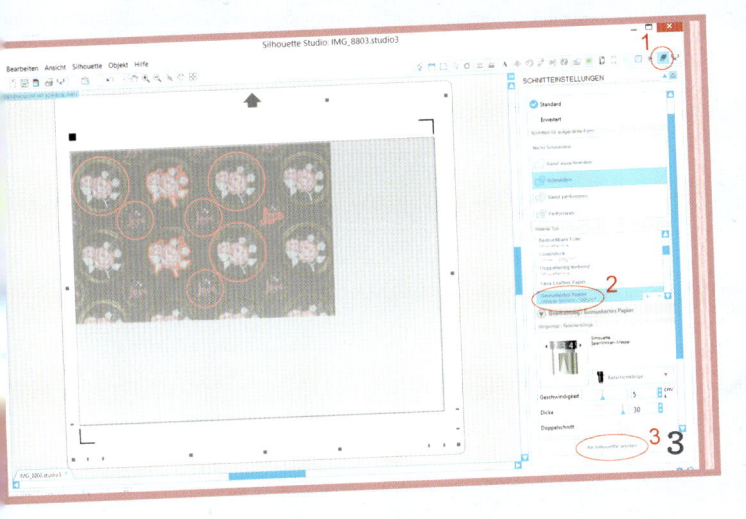

1 Für das Hinterlegen des Fotos zunächst das *PixScan-Bild öffnen (1)*, dann *Von Datei importieren (2)* wählen und die *Kamera-Kalibrierung (3)* wählen. Um das Referenzbild für Ihr Foto auszudrucken, wählen Sie zunächst die Größe *A4 (4)* und *Kalibrierungs-Testkarte zeigen (5)*. Ein Blatt mit vielen Punkten wird nun sichtbar. Dieses Bild drucken Sie mit der *Drucken-Funktion (6)* aus.

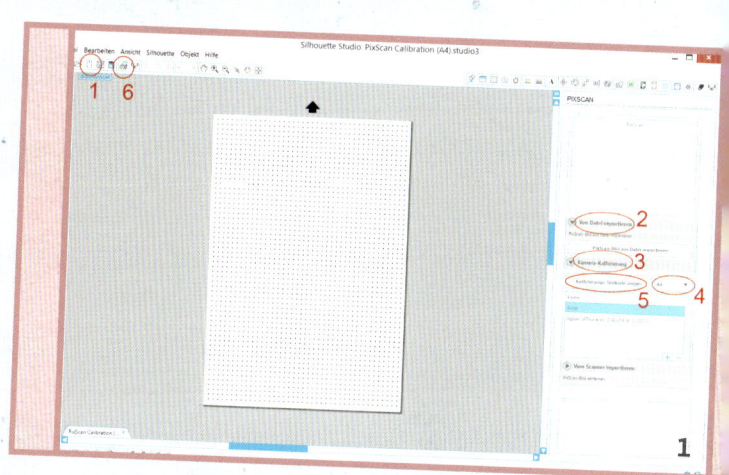

4 Zum Fertigstellen der Karte ein ca. 9 cm × 14 cm großes, gepunktetes Papier auf die Vorderseite des Kartenrohlings kleben. Dann einfach die verschiedenen Kreise mit Abstandsklebepads übereinanderkleben und weitere Kreise aus passendem Papier hinzufügen. Halbperlen mit Perlenkleber aufkleben und das Band befestigen.

2 Legen Sie das Bild mit den Punkten an eine gut beleuchtete Stelle und fotografieren Sie es mit Ihrer Kamera ab. Der Ausdruck sollte bis an die Ränder des Fotos reichen. Das Foto dann auf Ihrem Computer speichern.

TIPP: PixScan mit dem Scanner: Wenn Sie nur eine ältere Digitalkamera haben, können Sie die Papiere auch über den Scanner importieren. Auch ein DIN A4-Scanner ist in dem Fall kein Problem. Sie scannen zuerst die eine Seite der Vorlage ein, und das Programm wandelt sie um. Dann scannen Sie die zweite Hälfte der Vorlage ein, und das Studio setzt die beiden Scans automatisch zusammen.

3 Wählen Sie bei *Kamera-Kalibrierung* das kleine *Plus (1)*, es öffnet sich ein Fenster, in dem Sie das gespeicherte Bild auswählen können *(2)*. Bestätigen Sie die Wahl mit *Öffnen*. Das Foto wird als Referenzbild im Programm gespeichert. Der Name wird automatisch vergeben, kann aber manuell noch angepasst werden. Je nachdem, mit welcher Kamera zukünftig die Bilder für PixScan gemacht werden, kann das passende Profil zugewiesen werden *(3)*.

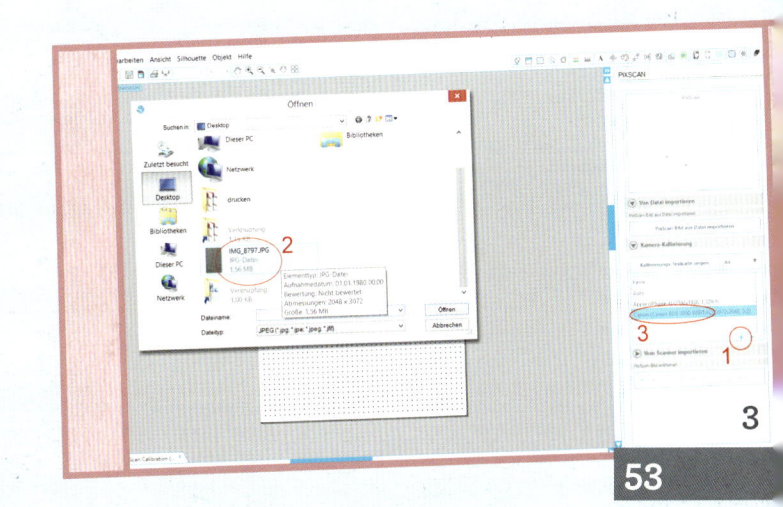

Kalibrieren

Damit das Studio die Passermarken und die Qualität Ihrer Fotos noch besser erkennen kann, können Sie Ihre Kamera kalibrieren. Dabei wird tatsächlich nicht die Kamera selbst verstellt, es wird lediglich ein Referenzbild im Studio hinterlegt.

Sketch Pens (einfarbig und mit mehreren Farben)

Der Plotter kann nicht nur schneiden, mit den passenden Materialien kann er auch malen. Besonders interessant wird dies, wenn Sie mit hellen Stiften auf einen dunklen Untergrund malen wollen. Das ist bei Druckern nämlich noch eine echte Seltenheit.

Grundsätzlich können Sie jede Linie malen, die Sie auch schneiden können. Bedenken Sie allerdings, dass das Programm bei Schriften die Außenlinien nachmalt, nicht eine einzelne Linie als Schrift. Der Silhouette Online Store bietet ein paar *Sketch fonts* an. Auf *www.letteringdelights.com (Cut Sets > Thin Fonts)* können Sie ebenfalls fündig werden. Normale Schriften kann man aber auch mit etwas Aufwand in einzigartige Sketch-Pen-Dateien umwandeln.

Projekt: Karte mit Schriftzug

Material

- Kartenrohling in Creme, DIN A6
- Rest Karton in Taupe
- Gelstift in Schwarz
- 3 Brads
- Abstandsklebepads

1 Öffnen Sie das Studio und eine neue Datei. Wählen Sie das *Text-Werkzeug*, schreiben Sie Ihren Text und wählen Sie Ihre Wunsch-Schrift aus (z. B. Mulberry Script). Färben Sie die Schrift sehr hell ein, wählen Sie dann das Werkzeug *Weich Freihand zeichnen (1)* und malen Sie die Linien langsam nach (2). An den breiten Stellen können Sie die Linien dreifach zeichnen, damit die Schrift nicht zu dünn wird.

2 Besonders ordentlich wird das nicht immer. Markieren Sie eine Linie und wählen Sie *Punkte bearbeiten (1)*. Sie können dann einzelne Punkte mit Bögen versehen, löschen oder hinzufügen. Die Werkzeuge finden Sie auf der rechten Seite.

3 In diesem Fall soll der Schriftzug für eine Karte sein. Also noch die Größe anpassen, dann das *Schnitteinstellungen-Fenster (1)* öffnen, *Skizzenstift* wählen (2) und *An Silhouette senden (3)*.

4 Den Karton ggf. noch etwas zurechtschneiden, die Brads befestigen und den Karton mit dem Schriftzug mit Abstandsklebepads auf den Kartenrohling kleben.

TIPP: Für mehrfarbigen Text teilen Sie den verschiedenen Farben auch in der Datei unterschiedliche Linienfarben zu. Im vorliegenden Fall soll das H in einer anderen Farbe geschrieben werden. Öffnen Sie das *Schnitteinstellungen-Fenster (1)* und wählen Sie *Erweitert (2)*. Nun können Sie nur eine der Farben anwählen (hier zum Beispiel rot) und zeichnen lassen (3). Wechseln Sie danach den Stift, setzen Sie das Häkchen bei der noch fehlenden Farbe (hier grau) und lassen Sie die restlichen Linien zeichnen.

Strasssteine

Bei vielen Techniken kann man auf (kostengünstigere) Materialien aus anderen Bereichen zurückgreifen. Das Arbeiten mit Strasssteinen gehört eher nicht dazu. Hier empfiehlt sich tatsächlich die Anschaffung der speziellen Materialien. Das Silhouette-Strass-Materialset und ein paar separate Tüten mit Strasssteinen sind eine gute Investition. Es enthält eine selbstklebende Velourfolie für die Schablonen, eine Trägerpappe für die Velourfolie und eine hitzeresistente Klebefolie zum Übertragen der Steine. Lediglich zum Einbürsten der Steine können Sie einen gewöhnlichen Küchenschwamm verwenden.

Die Design-Edition bietet ein paar Features zum Erstellen von Strassvorlagen, die das Studio sonst nicht hat. Und trotzdem kann man einfache Vorlagen auch problemlos im Studio erstellen.

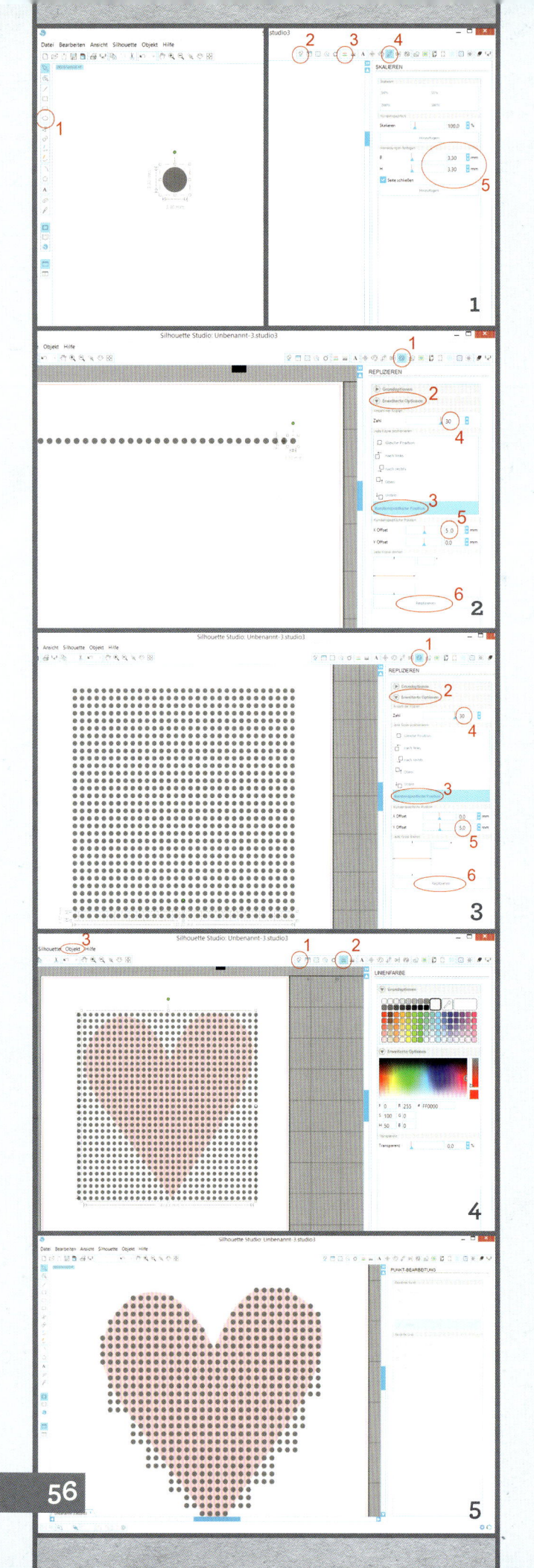

Projekt: Ein Herz aus Strasssteinen

Material

- Silhouette Strass-Materialset
- Strasssteine, ø 3 mm
- Küchenschwamm
- Baumwollstoff (z. B. T-Shirt, Tasche)
- Bügeleisen und Stoffrest
- feste, hitzeresistente Unterlage (z. B. Holzbrett)

1 Öffnen Sie ein neues Dokument und wählen Sie *Designen*. Jetzt eine *Ellipse zeichnen (1)* und diese markieren. Öffnen Sie das *Füllfarben-Fenster (2)* und füllen Sie den Kreis mit einer dunklen Farbe. So lässt er sich später besser erkennen. Die Außenlinie entfernen Sie mit dem *Linienfarben-Fenster (3)* und dem karierten Feld. Öffnen Sie das *Skalieren-Fenster (4)* und legen Sie bei den Abmessungen Maße fest (5), die 0,3 mm über der Größe Ihrer Strasssteine liegen. Die Steine im Beispiel haben einen Durchmesser von 3 mm, der Kreis ist also 3,3 mm breit.

2 Öffnen Sie das *Replizieren-Fenster (1)*, wählen Sie *Erweiterte Optionen (2)* und *Kundenspezifische Position (3)*. Wählen Sie ca. 30 Kopien (4) und dann den Abstand der Punkte. Bei 3 mm großen Steinen ist ein Abstand von 5 mm empfehlenswert. Geben Sie Ihren Wunschwert bei *X-Offset (5)* ein. Durch *Replizieren (6)* werden nun 30 Kopien mit 5 mm Abstand nach rechts erzeugt.

3 Nach dem gleichen Prinzip erzeugen Sie 30 senkrechte Kopien. Geben Sie dafür jedoch bei *Y-Offset (5)* 5 mm ein und markieren Sie alle Punkte.

4 Laden Sie nun Ihr Wunschmotiv in die virtuelle Arbeitsfläche oder zeichnen Sie mit dem *Freihand-Werkzeug* ein Motiv, z. B. ein Herz. Das *Füllfarben-Fenster (1)* öffnen und das Herz mit einer hellen Farbe füllen. Entfernen Sie dann die Außenlinie des Objektes (2). Mit *Objekt > Anordnen > In den Hintergrund (3)* wird das Motiv hinter die Punkte verschoben.

5 Nun können Sie alle Punkte, die mehr als 50 % über das Herz hinausstehen, einzeln entfernen. Sie brauchen komplette Kreise, daher funktioniert *Modifizieren > Schnittmenge bilden* nicht. Die Vorlage entfernen und speichern.

6 Über *Design-Seiteneinstellungen (1)* können Sie die Größe der virtuellen Arbeitsfläche an die der Vorlage anpassen. Im Falle des Strass-Materialsets sind das 8,5" × 12" (Letter). Öffnen Sie dann die *Schnitteinstellungen (2)* und wählen Sie im Drop-Down-Menü *Silhouette Strass-Vorlagenmaterial (3)*. Stellen Sie nun Ihr Messer auf die empfohlene Klingenlänge und befestigen Sie es in der Halterung.

7 Legen Sie die Velourfolie mit der weißen Trägerfolie auf die Schneidematte. Ziehen Sie dann die Schneidematte ein. Den Plottvorgang mit *An Silhouette senden* starten.

8 Die Trägerfolie nach dem Schneiden von der Schneidematte lösen und grob um das Motiv herum schneiden. Lösen Sie dann die Klebefolie von der Trägerfolie, die Kreise bleiben dabei kleben.

9 Kleben Sie die Velourfolie auf die im Set enthaltene feste Pappe. Ihre Vorlage ist fertig.

10 Schütten Sie ausreichend Strasssteine auf die Schablone und streichen Sie mit dem Küchenschwamm darüber. Die Strasssteine werden in die Vertiefungen geschoben. Auf dem Kopf liegende Steine werden durch ihre Form wieder rausgeschoben. So können Sie einen Großteil der Schablone füllen. Die restlichen Strasssteine mit einer Pinzette auffüllen bzw. wenden. Die übrig gebliebenen Steine wieder in die Verpackung geben.

11 Die hitzeresistente Folie mit der Klebeseite zu den Steinen auf das Motiv legen und von Hand darüber streichen, bis alle Steine festkleben. Ihren Stoff auf die feste Unterlage legen, die Folie darauf legen, mit einem Rest Baumwollstoff abdecken und mit der Einstellung für Wolle ca. 50 Sek. bügeln. Nach dem Abkühlen die Trägerfolie entfernen und den Stoff nochmals von der linken Stoffseite bügeln. Der Klebstoff an den Steinen zieht nun in den Stoff ein.

TIPP: Schriftzüge lassen sich ebenfalls ohne großen Aufwand manuell herstellen. Schreiben Sie Ihr gewünschtes Wort (1) und färben Sie es in einer hellen Farbe ein. Einen Kreis zeichnen (2), das *Skalieren-Fenster (3)* öffnen und als Größe des Kreises Ihre Steingröße zzgl. 0,3 mm angeben (4). Duplizieren Sie nun Ihre Punkte und legen Sie diese manuell auf den Text.

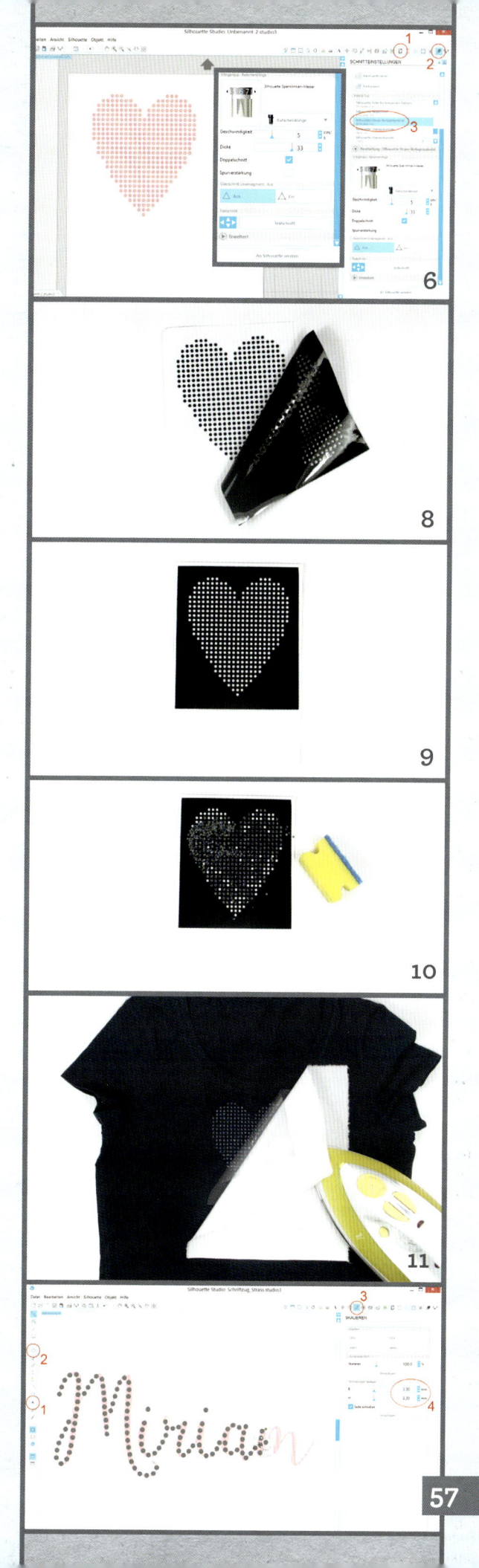

Stempel

Das Stempelmaterial ist eine ca. 0,8 mm starke Silikonmatte, die mit der Silhouette geschnitten werden kann. Geschnitten wird sie auf einer speziellen Schneidematte mit vielen Löchern. Nur so kann mögliche Luft unter dem Silikon entweichen und die Matte verrutscht nicht.

Zum Herstellen und Arbeiten mit Stempeln benötigen Sie einen transparenten (Acryl-) Stempelblock als Träger. Zusätzlich benötigen Sie Stempelfarbe. Praktisch sind eine schnell trocknende, säurefreie Farbstofftinte oder eine permanente Kreidestempelfarbe.

Grundsätzlich können alle Silhouetten als Stempelvorlage dienen. Achten Sie jedoch darauf, dass die Motive, die für Stempel verwendet werden, nicht zu fein sind. Sehr dünne Linien werden nicht mehr sauber geschnitten. Außerdem können Motive mit feinen Linien kaum noch gerade auf den Stempelblock geklebt werden, die dünnen Linien verrutschen leicht. Problematisch war z.B. die Außenlinie des Globus (siehe Bild).

Projekt: Ein paar Fernweh-Stempel schneiden

Material

- Silhouette Stempelmaterial
- Silhouette Schneidematte für Stempel
- Acrylblock
- Stempelkissen
- Papiere

1 Öffnen Sie das Studio-Programm und wählen Sie die passende Größe für die Schneidematte. Dazu das Fenster für *Design-Seiteneinstellungen (1)* öffnen, dann *Prägung (2)* wählen und auf *Querformat (3)* stellen.

2 Bevor Sie den Schneideauftrag starten, benötigt die CAMEO z. B. eine besondere Einstellung. Die Schneidematte ist kleiner als eine normale Matte, sie wird also von der rechten Transportrolle nicht mehr erfasst. Zum Verstellen der Transportrolle den Hebel in der Maschine nach vorne legen, die Metallrolle löst sich auf der rechten Seite.

3 Drehen Sie die weiße Transportrolle etwas, sodass sich die kleinen Hebel aus der Vertiefung lösen. Dann den Transportfuß nach links schieben und wieder in die Vertiefung einrasten lassen. Drehen Sie den Hebel wieder nach oben. Wenn Sie nun die kleine Schneidematte einziehen lassen, läuft die rechte Transportrolle auf der Schneidematte und nicht auf dem Silikon.

4 Zum Schneiden öffnen Sie nun das *Schnitteinstellungen-Fenster (1)* und wählen *Material Stamp (2)*. Das Messer im Plotter und ggf. im Studio auf den hohen Wert 9 setzen (3). Geschnitten wird nur sehr langsam auf Stufe 1 (4). Starten Sie dann den Schneidevorgang mit *An Silhouette senden (5)*.

5 Nach dem Schneiden können Sie die Silikonplatte von der Schneidefolie lösen. Ggf. müssen Sie bei einigen Stellen etwas ziehen oder mit einem Cutter nachhelfen. Grundsätzlich lässt sich das Material aber leicht schneiden. Zum Stempeln kleben Sie die Stempel spiegelverkehrt auf einen Acrylblock und benutzen diesen wie normale Stempel auch. Nach dem Gebrauch lassen sich die Stempel leicht mit einem feuchten Babytuch reinigen. Am Ende nicht vergessen, den Transporthebel wieder nach rechts zu verschieben.

TIPP: Meine Stempel lagere ich in alten CD-Hüllen, bei denen ich den Einsatz für die CD entfernt habe.

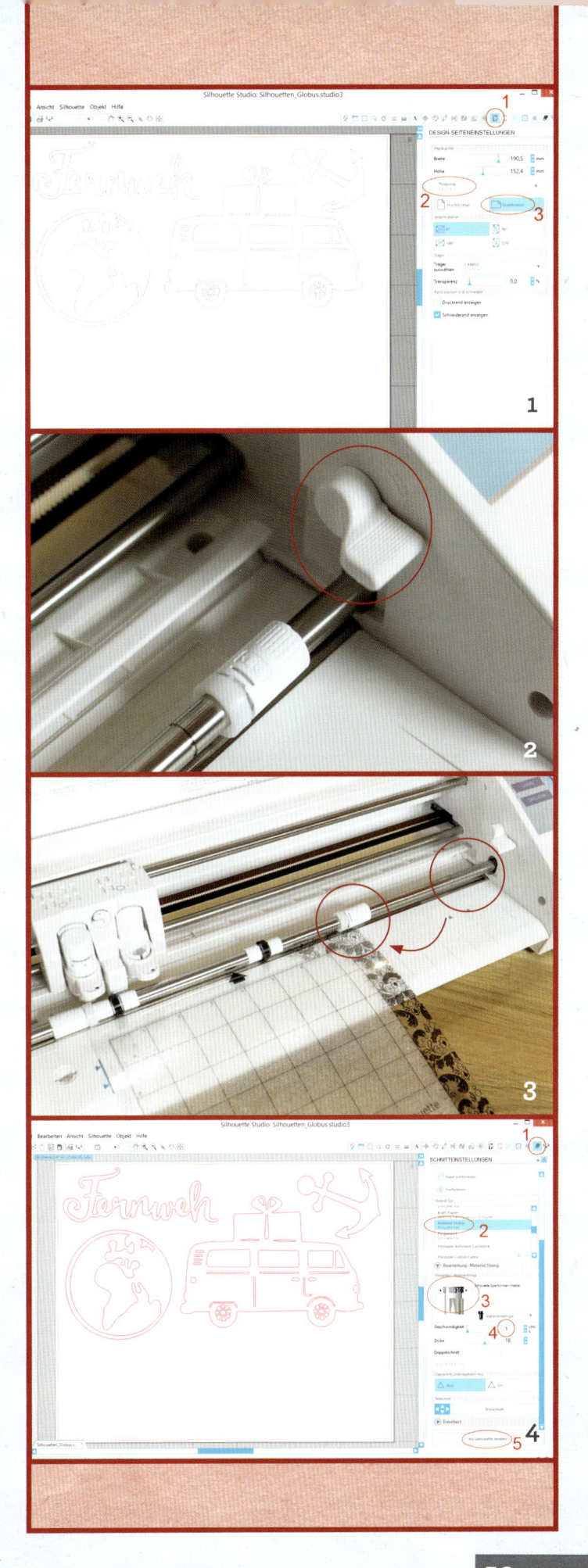

Stoff

Grundsätzlich kann man mit einem Plotter Stoff schneiden. Wer jetzt daran denkt, 1500 Zuschnitte für seine nächste Patchworkdecke von der Silhouette vorbereiten zu lassen, liegt leider falsch. Der Stoff braucht grundsätzlich eine Verstärkung (aufbügelbares Klebevlies), um ordentlich geschnitten zu werden. Dabei kann man auf Produkte wie Vliesofix® von Freudenberg zurückgreifen oder Silhouette *Fusible Fabric Stabilizer* verwenden. Das Silhouette-Produkt gibt es in zwei verschiedenen Qualitäten: *Cut & Sew* und *Clean Cut*. Die dünne *Cut & Sew*-Variante ist mit Vliesofix® vergleichbar. Die starke *Clean-Cut*-Variante ist dabei eindeutig dicker und steifer, Stoff lässt sich leichter und sauberer damit schneiden (siehe Vergleich unten). Das aufgebügelte Motiv wird allerdings auch sehr steif – ein Nachteil auf Kleidung. Silhouette empfiehlt, den mit *Clean Cut* verstärkten Stoff nicht mit der Nähmaschine festzunähen und auch nicht zu waschen.

Links mit Silhouette Fusible Fabric Stabilizer geschnitten, rechts mit Vliesofix®

Projekt: Boot-Applikation aus Stoff schneiden

Material

- Stoff in Dunkelblau
- Silhouette Fusible Fabric Stabilizer
- Zugbeutel
- Nähmaschine und Garn

1 Wählen Sie ein Motiv und öffnen Sie es im Studio. Es sollte nicht zu filigran sein. Wählen Sie ein Stoffstück für die Applikation aus, das größer ist als das Motiv.

2 Bügeln Sie den „Fabric Stabilizer" auf die Rückseite des Applikationsstoffes. Die raue Seite des Materials ist die Klebeschicht, diese muss auf den Stoff gebügelt werden. Lassen Sie den Klebstoff trocknen, lösen Sie die Trägerfolie jedoch noch nicht vom Vlies. Sie bleibt während des Schneidens am Stoff. Schneiden Sie den überstehenden Stoff ab. Die Silhouette-Anleitung empfiehlt zwar das

Entfernen der Trägerfolie vor dem Schneiden, in der Praxis waren die Ergebnisse mit Trägerfolie aber eindeutig besser. Kleben Sie den Stoff mit der Vliesseite auf die Schneidematte und lassen Sie die Schneidematte einziehen.

3 Das *Schnitteinstellungen-Fenster (1)* öffnen und im Dropdown-Menü *Stoff (2)* auswählen. Das Studio gibt eine Geschwindigkeit von 5 und einen Einzelschnitt vor. Bei dem vorliegenden Motiv auf die Geschwindigkeit 2 reduzieren und einen Doppelschnitt wählen (3). Starten Sie den Schneidevorgang mit *An Silhouette senden (4)*.

4 Nach dem Schneiden den Stoff vorsichtig von der Schneidematte lösen, ggf. Stoffstege mit der Schere durchtrennen. Dann die Motive von der Trägerfolie lösen (falls diese nicht schon auf der Schneidematte kleben geblieben sind) und mit der Klebefläche auf dem Stoff arrangieren. Die Motive festbügeln und (zumindest bei der *Clean-Cut*-Variante entgegen der Silhouette-Empfehlung) mit der Nähmaschine am Rand feststeppen.

statt blumen...

Zauberhafte Papierideen

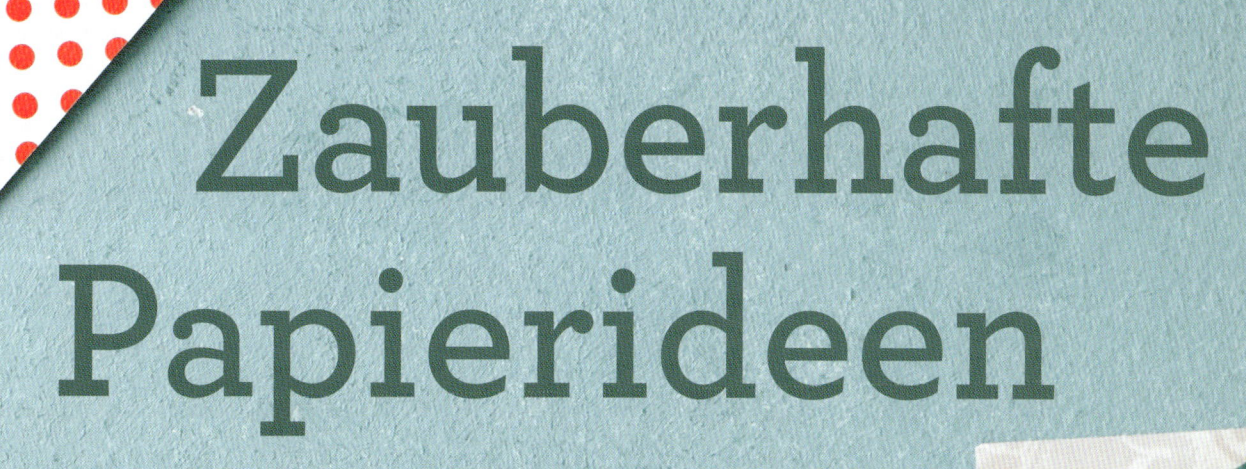

63

Briefbögen mit Vögelchen

Modellgröße

16,8 cm × 23,2 cm

Schwierigkeitsgrad 1

Material

- leicht strukturiertes Papier, verschiedene Pastelltöne, ca. 100 g/m²
- Papier für Umschlag (alternativ Briefumschlag in passender Farbe), B6
- Silhouette-Messer für Papier

Vorlage

„Karte_Briefpapier"

HINWEIS

Beim Öffnen von svg-Dateien können die Linien außerhalb der Arbeitsfläche liegen. Verkleinern Sie die Arbeitsfläche mit der Minus-Lupe, dann sehen Sie die graue Fläche um die virtuelle Arbeitsfläche. Nun können Sie das Motiv auf die Arbeitsfläche schieben und weiterarbeiten.

1 Die Datei für das Briefpapier öffnen. Platzieren Sie diese mittig auf dem Arbeitsbereich. Mögliche verknüpfte Pfade mit dem Befehl *Objekt > Verknüpften Pfad lösen* zu einzelnen Pfaden wandeln. Die roten Falzlinien mit dem Befehl *Linienstil* als perforierte Schneidelinie definieren.

2 Legen Sie das Papier auf die Schneidefolie. Dann einziehen lassen und mit den passenden Schneideeinstellungen schneiden und das überstehende Papier von der Schneidematte entfernen.

TIPP

Einen Briefumschlag in der passenden Farbe können Sie leicht selber schneiden lassen. Die Datei „Umschlag_Brief_3" öffnen, die roten Linien mit dem Befehl *Linienstil* als perforierte Schneidelinie definieren, dann schneiden lassen und den Briefumschlag zusammenkleben. Er bleibt an einer der schmalen Seiten offen und wird erst nach dem Befüllen verschlossen.

65

ALLES GUTE

Kranich und Storch
wünschen „Alles Gute"

Modellgröße

15 cm × 15 cm

Schwierigkeitsgrad 1

Material

- Druckerpapier in Weiß, A4, 160 g/m²
- quadratischer Kartenrohling, 15 cm × 15 cm
- Scrapbook-Papier in Blau- oder Türkistönen, 14 cm × 14 cm
- evtl. Buchstabenstempel und Stempelkissen

Vorlagen

„Silhouetten_Storch"
„Silhouetten_Kranich"

1 Die gewünschte Datei öffnen und mittig auf dem Arbeitsbereich platzieren. Wandeln Sie mögliche verknüpfte Pfade mit dem Befehl *Objekt > Verknüpften Pfad lösen* zu einzelnen Pfaden. Die roten Falzlinien mit dem Befehl *Linienstil* als perforierte Schneidelinie definieren. Die Größe anpassen: Das Motiv sollte schmaler als 14 cm sein, damit es nicht über das Motivpapier hinaussteht.

2 Das Papier auf die Schneidefolie legen, einziehen lassen und mit den passenden Schneideeinstellungen schneiden.

3 Den Vogel mit dem Motivpapier mittig auf die Vorderseite des Kartenrohlings kleben und ggf. einen Schriftzug aufstempeln.

Paris zum Aufklappen

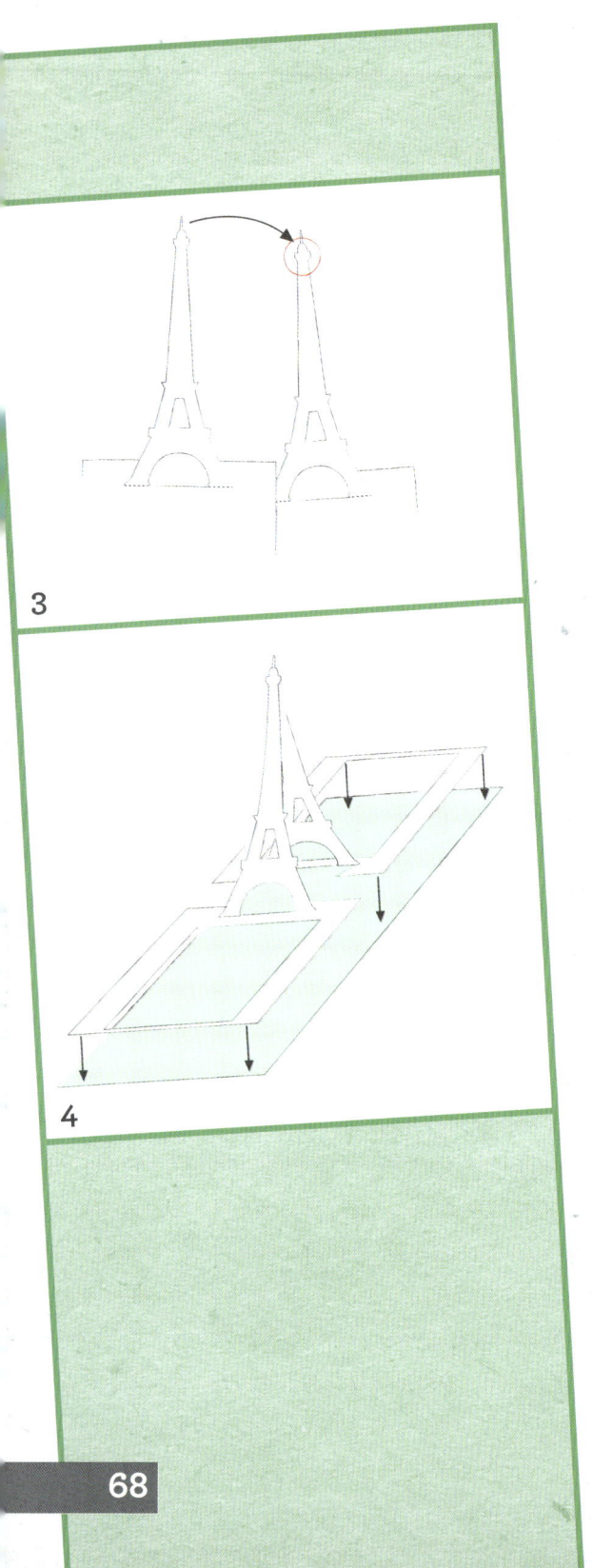

Modellgröße (geschlossene Karte)

11,6 cm × 16,8 cm

Schwierigkeitsgrad 1

Material

- Kartenrohling in Grün, B6, an der kurzen Seite gefalzt (alternativ Strukturkarton, 11,6 cm × 33,6 cm, mittig gefalzt)
- 2 Druckerpapiere in Weiß, A4, ca. 160 g/m²
- Strukturkarton in Grün, 30,5 cm × 30,5 cm (12" × 12") (für den Umschlag)
- 2 Ösen in Grün mit Ösenzange
- Rest Baumwollgarn (Bakers Twine) in Grün-Weiß

Vorlage

„Karte_Eifelturm"

1 Die Datei öffnen und mittig auf dem Arbeitsbereich platzieren. Die roten Linien mit dem Befehl *Linienstil* als perforierte Schneidelinie definieren.

2 Legen Sie jeweils einen Bogen Druckerpapier auf die Schneidefolie. Dieses einziehen lassen und mit den passenden Schneideeinstellungen den Eifelturm schneiden.

3 Auf eine Spitze des Eifelturms vorsichtig Klebstoff auftragen. Den zweiten Zuschnitt deckungsgleich aufkleben und trocknen lassen.

4 Die unteren Bereiche mit den Parkwegen umknicken und mit wenigen Millimetern Abstand auf die geöffnete Klappkarte kleben. Beim Öffnen der Karte stellt sich der Turm dadurch senkrecht auf.

5 Öffnen Sie für den Umschlag die Datei „Umschlag_Brief_2". Dann die Vorlage aus dem grünen Scrapbook-Papier zuschneiden lassen. Falzen Sie die vier Flügel zur Mitte. Die großen Flügel in der Mitte zusammenkleben. Kleben Sie jetzt den kleinen Flügel auf die großen. Die runden Zuschnitte mithilfe der Ösen am Umschlag befestigen. Zum Schluss befestigen Sie das Garn an einer der beiden Ösen.

69

Modellgröße (geschlossene Karte)

12 cm × 17 cm

Schwierigkeitsgrad 3

Material

- Kartenrohling in Grau, 12 cm × 17 cm
- passender Briefumschlag
- Druckerpapier in Weiß, ca. 90 g/m²

Vorlage

„Karte_Berlin"

Berlin

1 Öffnen Sie die gewünschte Datei. Mittig auf dem Arbeitsbereich platzieren. Mögliche verknüpfte Pfade mit dem Befehl *Objekt > Verknüpften Pfad lösen* zu einzelnen Pfaden wandeln. Die roten Falzlinien mit dem Befehl *Linienstil* als perforierte Schneidelinie definieren.

2 Legen Sie einen Bogen Druckerpapier auf die Schneidefolie und lassen Sie dieses einziehen. Mit den passenden Schneideeinstellungen das Brandenburger Tor schneiden.

3 Knicken Sie die Falzlinien ganz vorsichtig gemäß Foto zu Berg- und Talfalzen. Dabei am mittleren Falz beginnen und zum Rand der Karte durcharbeiten. Gehen Sie ganz vorsichtig mit den Falzlinien um, sie können leicht brechen oder es bilden sich versehentlich Falze zwischen den Falzlinien.

4 Nach der filigranen Arbeit die Karte vorsichtig in den Kartenrohling kleben.

Modellgröße (geschlossene Karte)

12 cm × 17 cm

Schwierigkeitsgrad 3

Material

- Kartenrohling in Türkis, 12 cm × 17 cm
- passender Briefumschlag
- Druckerpapier in Weiß, ca. 90 g/m²
- dünner Gelstift oder Silhouette Sketch Pen in Schwarz

Vorlage

„Karte_London"

London

1 Die Datei öffnen und mittig auf dem Arbeitsbereich platzieren. Mögliche verknüpfte Pfade mit dem Befehl *Objekt > Verknüpften Pfad lösen* zu einzelnen Pfaden wandeln. Die roten Falzlinien mit dem Befehl *Linienstil* als perforierte Schneidelinie definieren. Einen Bogen Druckerpapier auf die Schneidematte legen und einziehen lassen.

2 Zwei Halterungen (CAMEO 3): Das *Schnitteinstellungen-Fenster (1)* öffnen. *Erweitert (2)* wählen, dann den einzelnen Linienfarben die Funktionen zuordnen (3): Den blauen Linien den Skizzenstift zuordnen (rechtes, blaues Tool), den schwarzen Linien das entsprechende Material (z. B. Karton) zuordnen (linkes, rotes Tool). Schieben Sie die blauen Linien ggf. nach oben, damit erst gezeichnet und dann geschnitten wird (3). Das Automatische Messer (4) wählen, Messer und Stift in die beiden Halterungen der Silhouette einsetzen. Senden Sie die Daten dann an die Silhouette. Die Silhouette zeichnet zunächst die Linien, stellt dann das Messer automatisch auf die angegebene Länge und schneidet anschließend das Motiv.

2 Eine Halterung (CAMEO 2): Das *Schnitteinstellungen-Fenster* öffnen, *Erweitert* wählen und die blauen Linien auswählen. Lassen Sie die blauen Linien mit den Skizzenstift-Einstellungen zeichnen. Danach die Schnitteinstellungen für die Schneide- und Falzlinien wählen und schneiden lassen.

3 Die Falzlinien ganz vorsichtig gemäß Foto zu Berg- und Talfalten knicken. Dabei am mittleren Falz beginnen und zum Rand der Karte durcharbeiten. Behandeln Sie die Falzlinien wieder vorsichtig.

4 Die Karte anschließend in den Kartenrohling kleben.

2 (CAMEO 3)

Pop-Up-Karten
Berlin und London

71

72

Winterüberraschung

Modellgröße (geschlossene Karte)
Karte: 10,5 cm × 15 cm

Schwierigkeitsgrad 1

Material
- Kartenrohling in Creme, A6
- passender Briefumschlag
- 2 Druckerpapiere in Weiß, A4, ca. 90 g/m²

Vorlage
„Karte_Weihnachten"

Modellgröße (geschlossene Karte)
12 cm × 17 cm

Schwierigkeitsgrad 1

Material
- Kartenrohling in Sandfarben, 12 cm × 17 cm
- passender Briefumschlag
- Druckerpapier in Weiß, ca. 160 g/m²

Vorlage
„Karte_Winterlandschaft"

Kleine Krippe

1 Öffnen Sie die Datei. Eines der Motive mittig auf dem Arbeitsbereich platzieren, das zweite Motiv neben die Arbeitsfläche legen (es wird dann nicht mitgeschnitten). Mögliche verknüpfte Pfade mit dem Befehl *Objekt > Verknüpften Pfad lösen* zu einzelnen Pfaden wandeln. Die roten Falzlinien mit dem Befehl *Linienstil* als perforierte Schneidelinie definieren.

2 Legen Sie einen Bogen Druckerpapier auf die Schneidefolie. Einziehen lassen und mit den passenden Schneideeinstellungen einen Teil der Karte schneiden.

3 Tauschen Sie jetzt die beiden Schneidedateien für die Innenseiten. Die noch nicht geschnittene Seite auf die virtuelle Arbeitsfläche legen und den zweiten Teil der Innenkarte ebenfalls schneiden.

4 Falzen Sie die Innenkarten mittig. Dann an den äußeren Rändern zusammenkleben. Die äußeren Ränder liegen dabei genau übereinander, in der Mitte liegen die Falzlinien versetzt. Dadurch ergibt sich beim Öffnen der Karte der 3D-Effekt. Kleben Sie dann die Innenkarten in den Kartenrohling, die Außenlinien liegen dabei wieder übereinander.

Winterlandschaft

1 Die gewünschte Datei öffnen und mittig auf dem Arbeitsbereich platzieren. Mögliche verknüpfte Pfade mit dem Befehl *Objekt > Verknüpften Pfad lösen* zu einzelnen Pfaden wandeln. Die roten Falzlinien mit dem Befehl *Linienstil* als perforierte Schneidelinie definieren.

2 Einen Bogen Druckerpapier auf die Schneidefolie legen, einziehen lassen und mit den passenden Schneideeinstellungen den Hirsch und die Bäume schneiden.

3 Knicken Sie die Falzlinien ganz vorsichtig gemäß Foto zu Berg- und Talfalzen. Dann die Karte vorsichtig in den Kartenrohling kleben.

TIPP

Im Dokument sind Schnittmarken für das Zuschneiden der Datei angelegt, die gleich mitgezeichnet werden. Alternativ können Sie selbst einen Schneiderahmen um das Motiv legen und die Schnittmarken entfernen. Mit zwei Halterungen (CAMEO 3) können Sie das Messer dann links und den Stift rechts einsetzen und gemäß der Anleitung auf Seite 41 arbeiten. Mit einer Halterung (CAMEO 2) wird die Karte im zweiten Durchgang geschnitten.

Kartengrüße mit tollen Schriftzügen

Modellgröße

Geburtstagskarte: 15 cm × 15 cm
rechteckige Karten: 16,8 cm × 11,6 cm

Schwierigkeitsgrad 1

Material

Quadratische Geburtstagskarte
- Druckerpapier in Weiß, A4, ca. 160 g/m²
- Kartenrohling in Weiß, 15 cm × 15 cm
- Bastelkarton in Pink, 14,5 cm × 14,5 cm
- Gelstift oder Silhouette Sketch Pen in Schwarz
- Abstandsklebepads

„Do what you love"-Karte
- Bastelkarton in Schwarz, A4, ca. 200 g/m²
- Kartenrohling in Schwarz, B6
- Gelstift in Weiß
- Abstandsklebepads
- Rest Webband mit Herzen

Konfetti-Karte
- Bastelkarton mit Metallic-Effekt, ca. 200 g/m², A5
- Gelstift in Weiß

Vorlagen

„Sketch_Alles_Gute"
„Sketch_do_what_you_love"
„Sketch_Konfetti"

1 Öffnen Sie die gewünschte Datei. Platzieren Sie diese auf dem Arbeitsbereich. Jeweils einen Bogen Papier auf die Schneidematte legen und einziehen lassen.

2 Öffnen Sie das *Schnitteinstellungen-Fenster* und wählen Sie den Schneidemodus *Standard*. Bei einem Plotter mit zwei Halterungen (CAMEO 3) wählen Sie die linke Halterung (Tool) (1). Anschließend den Skizzenstift auswählen (2).

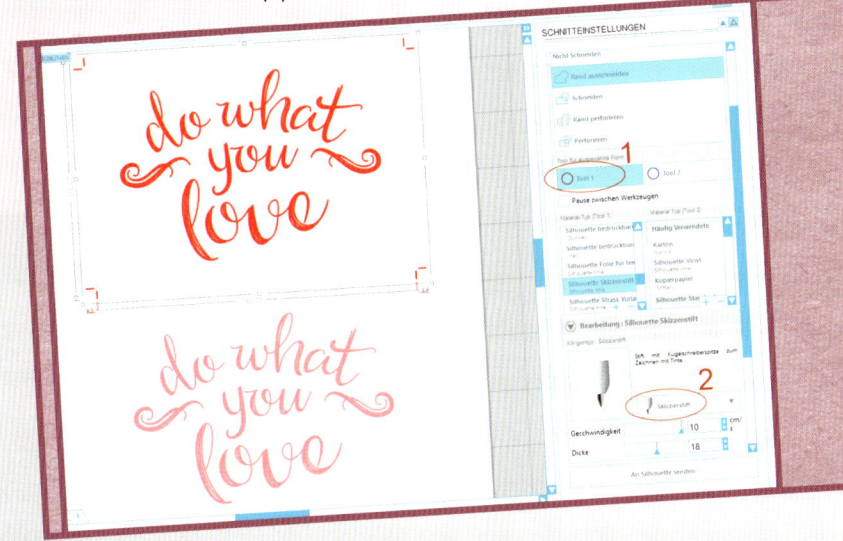

3 Setzen Sie den Skizzenstift in die entsprechende Halterung und senden Sie die Daten an die Silhouette. Den Text schreiben lassen. Einfache Formen werden manchmal schneller mit Cutter oder Schere ausgeschnitten. Dazu an den Schnittmarken entlang schneiden. Wenn Sie das Werkzeug, wie bei einem Plotter mit zwei Halterungen, nicht wechseln müssen, können Sie das Rechteck direkt ausschneiden lassen. Kleben Sie die Klappkarten mit Abstandsklebepads zusammen. Dazwischen ggf. das Webband befestigen.

Viel Glück und viel Segen

Modellgröße

11 cm × 15,4 cm

Schwierigkeitsgrad 1

Material

- Kartenrohling in Rot oder Rosa, 10,5 cm × 15 cm
- passender Briefumschlag
- Druckerpapier in Weiß, A4, ca. 160 g/m^2

Vorlage

„Karte_Alles_Gute"

1 Die Datei für die Karte öffnen und mittig auf dem Arbeitsbereich platzieren. Mögliche verknüpfte Pfade mit dem Befehl *Objekt > Verknüpften Pfad lösen* zu einzelnen Pfaden wandeln. Die roten Falzlinien mit dem Befehl *Linienstil* als perforierte Schneidelinie definieren.

2 Legen Sie einen Bogen Druckerpapier auf die Schneidefolie. Dann einziehen lassen und mit den passenden Schneideeinstellungen die Karte schneiden.

3 Falzen Sie die Karte mittig und legen Sie den Kartenrohling ein.

TIPP

Wenn Sie ein Falzbrett haben, können Sie den mittleren Falz einfach weglassen und die Karte nach dem Schneiden von Hand falzen. Dann besteht Ihr Falz nicht aus einer gelochten Linie, sondern aus einer gefalzten Nut.

77

Kaktuskarte statt Blumen

Modellgröße

17 cm × 12 cm

Schwierigkeitsgrad 1

Material

- Kartenrohling in Hellgrün, 17 cm × 12 cm
- passender Briefumschlag
- Rest Scrapbook-Papier in Grün gemustert
- Rest Dekoband in Grün
- je 2 Pailletten in Blütenform und in Rund
- Abstandsklebepads
- feiner Gelstift oder Silhouette Sketch Pen in Grün

Vorlage

„Sketch_Kakteen"

1 Öffnen Sie die Datei für die Karte und platzieren Sie diese auf dem Arbeitsbereich. Mögliche verknüpfte Pfade mit dem Befehl *Objekt > Verknüpften Pfad lösen* zu einzelnen Pfaden wandeln. Die roten Falzlinien mit dem Befehl *Linienstil* als perforierte Schneidelinie definieren. Das grüne Papier auf die Schneidematte legen und einziehen lassen.

2 Zwei Halterungen (CAMEO 3): Öffnen Sie zunächst das *Schnitteinstellungen-Fenster (1)*, wählen Sie dann *Erweitert (2)*. Dann können Sie den einzelnen Farben im Dokument unterschiedliche Parameter zuweisen (3): Die blauen Linien sollen mit dem rechten Tool (Skizzenstift) gezeichnet werden, die schwarzen Linien sollen danach mit dem linken Tool (automatisches Messer) geschnitten werden. Messer links und Skizzenstift rechts einsetzen. Sofern Sie mit einem automatischen Messer arbeiten, wählen Sie dies aus (4) und senden Sie die Daten an die Silhouette. Zunächst werden die Linien gezeichnet, dann fährt die Schneideeinheit nach links, das Messer wird auf die entsprechende Länge eingestellt, dann wird die Karte ausgeschnitten.

2 Eine Halterung (CAMEO 2): Öffnen Sie jetzt das *Schnitteinstellungen-Fenster (1)*. Nun bei Schneidemodus *Erweitert (2)* wählen, dann das Häkchen bei den blauen Linien setzen (3) und den Stift in der Halterung für das Messer befestigen. Wählen Sie den *Silhouette Skizzenstift (4)* und lassen Sie den Text schreiben. Nach dem Zeichnen den Stift durch das Messer ersetzen. Wählen Sie die schwarze Linie (3) und lassen Sie die Karte ausschneiden.

3 Die Karte mit Abstandsklebepads auf den Kartenrohling kleben. Falzen Sie das Dekoband mittig und kleben Sie es zwischen Karte und Kakteenbild. Die Pailletten auf die Blüten des mittleren Kaktus kleben.

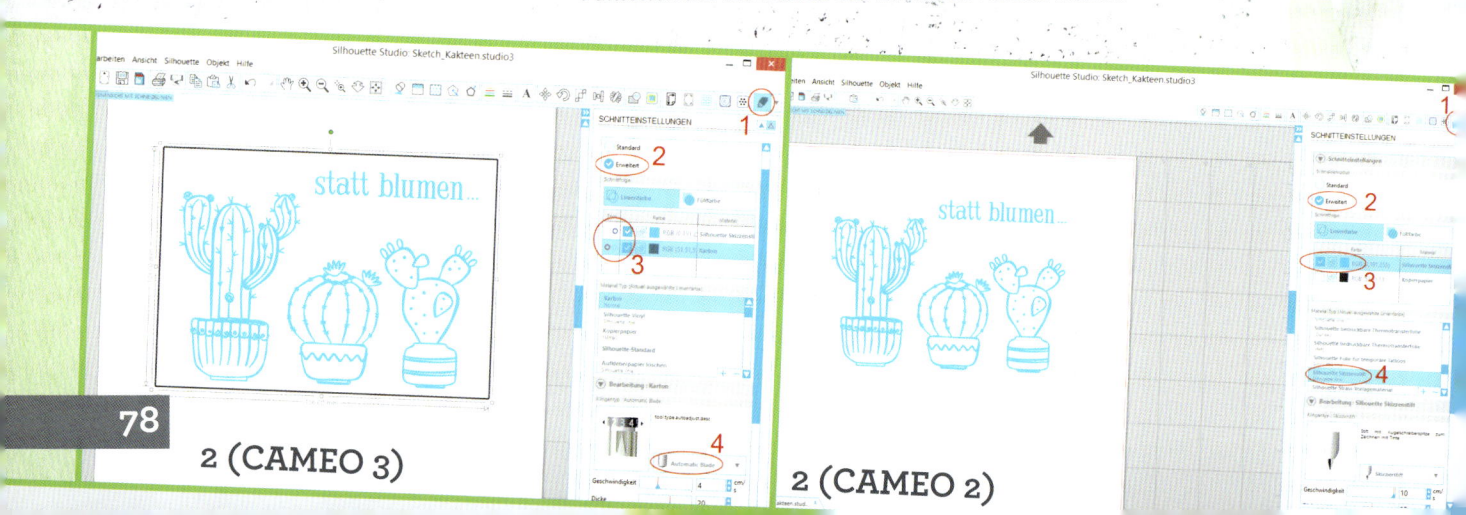

2 (CAMEO 3)

2 (CAMEO 2)

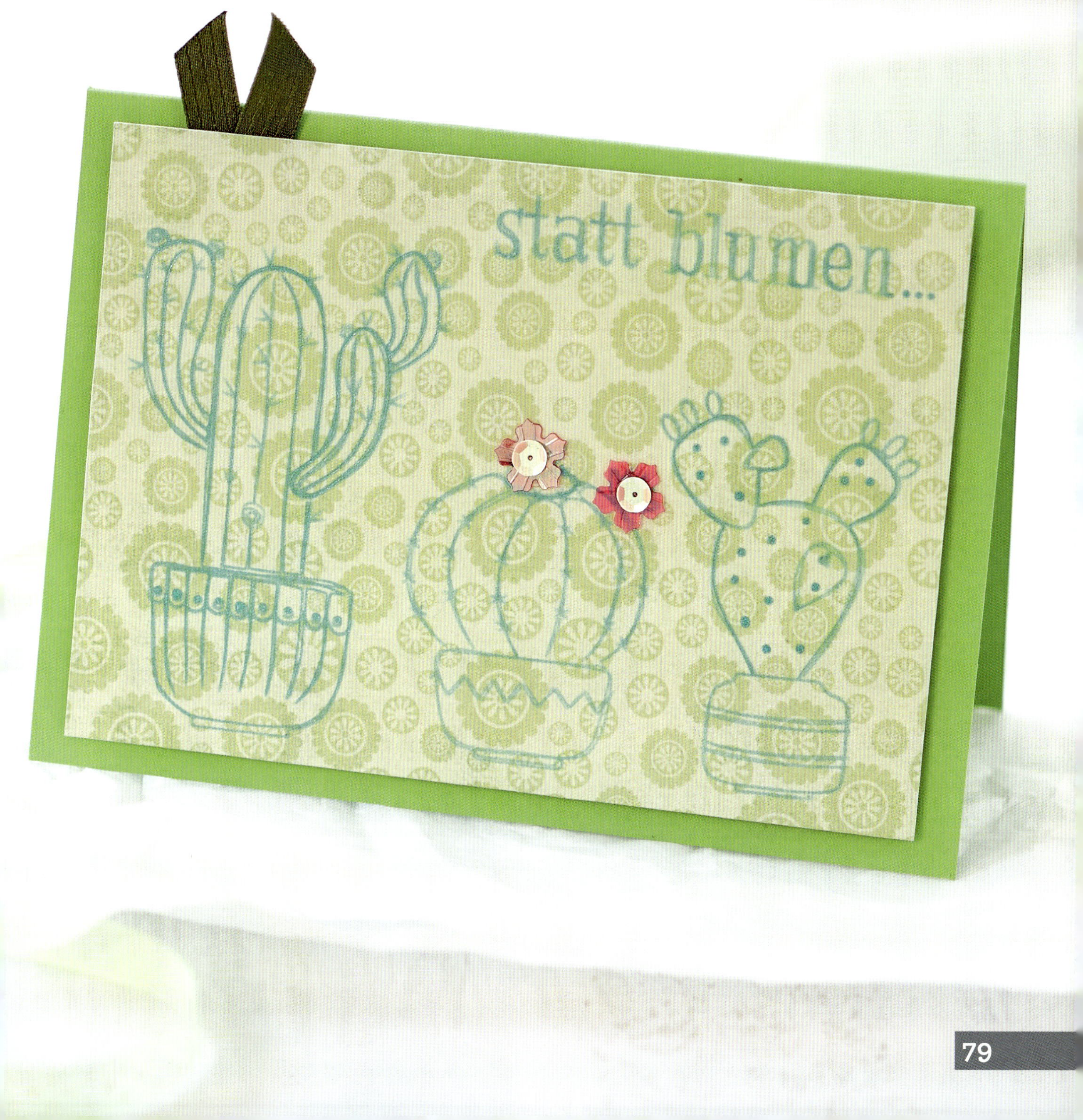
statt blumen...

80

Tierische Karnevals-Masken

Modellgröße

ca. 18 cm × 13 cm

Schwierigkeitsgrad 3

Material für drei Masken

- Fotokarton in Weiß, Schwarz, Beige, A4, je 1 Bogen
- Fotokartonreste in Rosa, Rot, Grau, Sandfarben, Schwarz, Weiß
- Gummiband, ca. 30 cm pro Maske

Vorlagen

„Sonstiges_Maske"
„Sonstiges_Maske_Gesichter"

TIPP

Gummibänder sind oft sehr fest. Wenn Sie Jerseystoff haben, können Sie davon einen ca. 15 mm breiten Streifen im rechten Winkel zum Fadenlauf abschneiden. Wenn Sie den auseinanderziehen, rollt er sich ein und wird zu einem weichen Gummiband.

HINWEIS

Die Maße dieser Masken sind für Kinder ausgelegt. Die Modelle lassen sich aber einfach in der Größe verändern. Die Studio-Software arbeitet mit Vektoren, die anders als Pixel (z. B. in einem jpg-Bild) unendlich skalierbar sind. Also egal ob Groß oder Klein – die Party kann losgehen!

1 Die Datei für die Maske öffnen und mittig auf dem Arbeitsbereich platzieren. Mögliche verknüpfte Pfade mit dem Befehl *Objekt > Verknüpften Pfad lösen* zu einzelnen Pfaden wandeln. Die roten Falzlinien mit dem Befehl *Linienstil* als perforierte Schneidelinie definieren.

2 Schneiden Sie die Maske dann aus dem weißen, schwarzen oder beigen Karton – je nach gewünschtem Tier – zu. Die vier Einschnitte am oberen Rand zusammenkleben und somit die Maske in Form bringen. Knicken Sie die beiden seitlichen Verstärkungslaschen anschließend nach hinten und kleben Sie diese fest. Dadurch verstärken Sie die Löcher für das Gummiband.

3 Die zweite Datei für die Gesichter öffnen und mittig auf dem Arbeitsbereich platzieren. Die verknüpften Pfade wieder lösen und die roten Falzlinien als perforierte Schneidelinie definieren. Schieben Sie nicht benötigte Schnittteile neben die virtuelle Schneidematte. Das entsprechende Papier auf die Schneidematte legen und einziehen lassen. Lassen Sie das Objekt schneiden.

4 Für die Barthaare der Katze sechs ca. 7 cm lange, sehr schmale Streifen schneiden und von hinten an die Nase kleben. Nach dem Schneiden alle Objekte auf die Maske kleben, die Nase nur am oberen Rand ankleben. Beim Tragen der Maske steht diese dann etwas ab.

5 Zum Schluss befestigen Sie ein Ende des Gummibandes an der Maske. Dann die Länge am Kopf abmessen und das zweite Ende des Gummis verknoten. Die überstehenden Enden abschneiden.

Party-Girlande

Modellgröße (einzelnes Girlandenelement)

8 cm × 12 cm

Schwierigkeitsgrad 2

Material

- Fotokarton in Blau, hellem Türkis und Türkis, A4
- Tonzeichenpapier in Orange, Pink und Braun, A4
- Klebstoff
- Garnrest und stumpfe Nadel
- Baumwollgarn in Türkis, ca. 1 m lang

Vorlage

„Sonstiges_Girlande"

1 Öffnen Sie die Datei für die Girlande und platzieren Sie diese mittig auf dem Arbeitsbereich. Mögliche verknüpfte Pfade mit dem Befehl *Objekt > Verknüpften Pfad lösen* zu einzelnen Pfaden wandeln. Die roten Falzlinien mit dem Befehl *Linienstil* als perforierte Schneidelinie definieren.

2 Die nicht benötigten Elemente von der Arbeitsfläche schieben. Schneiden Sie je zwei Wimpel aus blauem und türkisem Fotokarton und zwei dreieckige Wimpel aus dem hellen türkisfarbenen Karton. Jeweils mittig falzen und um das Garn kleben.

3 Die Doilys mit dem Zickzack-Falz aus orangem Tonzeichenpapier schneiden und zum Zickzack falzen. Kleben Sie die Enden zusammen. Fädeln Sie dann ein Stück Garn durch die Löcher in der Mitte und verknoten diese. Dadurch wird das Doily in Form gebracht. Vier große Kreise aus türkisfarbenem Karton schneiden und vier kleine Kreise aus braunem Karton bzw. Papier schneiden. Kleben Sie beides mit den Doilys auf die Wimpel. Die Buchstaben aus pinkem Tonzeichenpapier schneiden und mittig auf die Kreise kleben.

3

TIPP

Mit eigenen Texten können Sie die Girlande an Ihr Event anpassen, z. B. eine helle Girlande mit dem Schriftzug „Hochzeit" oder eine in weihnachtlichen Farben mit den Worten „Frohes Fest".

DAUMEN KINO

Fotos

Daumenkino und Fotoalbum

Modellgröße

Fotoalbum: 15 cm × 10 cm
Daumenkino: 9,5 cm × 5,5 cm

Schwierigkeitsgrad 1

Material

Fotoalbum
- 5 Scrapbook-Papiere in verschiedenen Grün- und Orangetönen, 30,5 cm × 30,5 cm (12" × 12")
- Rest Scrapbook-Papier zum Dekorieren
- Baumwollgarn gewachst in Grün, 40 cm lang
- Knopf in Rot mit zwei Löchern, ø 2 cm
- silberfarbiger Anhänger in Herzform
- Fotos

Daumenkino
- Druckerpapier in Weiß, A4, 160 g/m²
- Baumwollgarn (Bakers Twine) in Schwarz-Weiß, 30 cm lang

Vorlagen

„Sonstiges_Fotoalbum"
„Sonstiges_Daumenkino"

HINWEIS

Daumenkino und Fotoalbum haben zwar die gleiche Form, sind jedoch als einzelne Dateien angelegt. Beim Daumenkino passen viel mehr Einzelseiten auf ein DIN-A4-Blatt.

Fotoalbum

1 Öffnen Sie die Datei. Anschließend mittig auf dem Arbeitsbereich platzieren. Je einen Bogen Scrapbook-Papier auf die Arbeitsfläche legen und einziehen lassen. Das *Schnitteinstellungen-Fenster* öffnen, das verwendete Material wählen und Messer einstellen. Lassen Sie die einzelnen Seiten des Fotoalbums schneiden.

2 Immer abwechselnd eine normale Seite und einen kleinen Verstärkungsstreifen aufeinanderlegen, sodass die Einschnitte übereinander liegen. Umwickeln Sie das Fotoalbum mit der Baumwollkordel um den Knopf und verknoten die Kordelenden. Den Anhänger befestigen, dann das Fotobuch mit dem Schriftzug und Fotos dekorieren.

Daumenkino

1 Die Datei für das Daumenkino öffnen und mittig auf dem Arbeitsbereich platzieren. Je einen Bogen Druckerpapier auf die Arbeitsfläche legen und einziehen lassen. Das *Schnitteinstellungen-Fenster* öffnen, das verwendete Material wählen, Messer einstellen und die einzelnen Seiten des Fotoalbums schneiden lassen.

2 Zum Zeichnen eines kleinen „Kinofilms" mit dem ersten Bild beginnen, das zweite Papier darauf legen und die nächste Einstellung zeichnen. Das untere Papier weglegen. Das Nächste auf das Vorige legen und weiter zeichnen. So entsteht ein „Kurzfilm". Alle Seiten übereinanderlegen und im Einschnitt mit dem Garn zusammenbinden.

TIPP

Bei starken Papieren kann man die vorher gezeichnete Seite nur schwer durch eine weitere Lage Papier erkennen. Arbeiten Sie an einem Glastisch mit einer Lampe darunter (oder am Fenster).

Sprechblasen für Karten, Wandtattoos, Shirts u.v.m.

Schwierigkeitsgrad 1

Material

- Druckerpapier in Weiß, A4, 160 g/m²
- Flitterpapier in Blau, 30,5 cm × 30,5 cm (12" × 12")
- Rest Tonzeichenpapier in Blau
- Geschenktüte mit blauen Punkten
- doppelseitiges Klebeband bzw. Abstandsklebepads
- Kartenrohlinge in Türkis und Grün, A6

Vorlage

„Sonstige_Sprechblasen" (7 Vorlagen)

1 Die Datei öffnen und mittig auf dem Arbeitsbereich platzieren. Mögliche verknüpfte Pfade mit dem Befehl *Objekt > Verknüpften Pfad lösen* zu einzelnen Pfaden wandeln.

2a Für die Wanddeko die entsprechende Sprechblase bis auf eine Breite von fast 30 cm vergrößern. Dann ausschneiden und das Motiv mit doppelseitigem Klebeband an die Wand kleben. Flitterpapier lässt sich nur mit mehreren Durchgängen schneiden. Außerdem wirken manche Sorten Flitterpapier wie eine Art Schmirgelpapier – sie reiben das Messer stumpf. Fassen Sie das Papier beim Kauf ruhig an. Lösen sich „Sandkörner"? Dann nehmen Sie lieber ein anderes Papier.

2b Die Sprechblasen für die Karten aus starkem Druckerpapier ausschneiden und mit Abstandsklebepads auf die Kartenrohlinge kleben. Schneiden Sie kleine Herzen aus dem Flitterpapier aus und kleben Sie diese ebenfalls auf.

2c Die Sprechblasen für den Geschenkanhänger ebenfalls aus starkem Druckerpapier schneiden, mit dem *Offset-Tool* einen weiteren Rand um das Motiv legen und dieses aus dem blauen Karton schneiden lassen. Dann hinter die Sprechblase kleben. Kleben Sie den Anhänger auf das Geschenk oder tackern Sie ihn – wie bei der Geschenktüte – fest.

TIPP

Ziemlich stylish sieht das Motiv auch auf T-Shirts oder als Wandtattoo aus Vinylfolie aus. Probieren Sie es.

87

Filigrane Körper

89

Geschenkschachtel
mit Krönchen

Modellgröße

7,5 cm × 7 cm × 5 cm

Schwierigkeitsgrad 1

Material

- Designpapier, A4, ca. 220 g/m²

Vorlage

„Box_Krone"

1 Die Datei für die Schachtel öffnen und mittig auf dem Arbeitsbereich platzieren. Die roten Linien mit dem Befehl *Linienstil* als perforierte Schneidelinie definieren.

2 Legen Sie das Designpapier auf die Schneidefolie. Dann einziehen lassen und die Schachtel schneiden.

3 Falzen Sie die Seiten mit der Krone nach oben. Schon leicht in die spätere Form bringen. Dann die zwei anderen Seiten nach oben falzen und über die beiden Kronen stülpen.

TIPP

In Rosa sind die Schachteln sicherlich ein Renner auf jeder Prinzessinnen-Party. Füllen Sie die Schachtel mit einem kleinen Diamantring-Lolli und ein paar glitzernden Haarspangen.

91

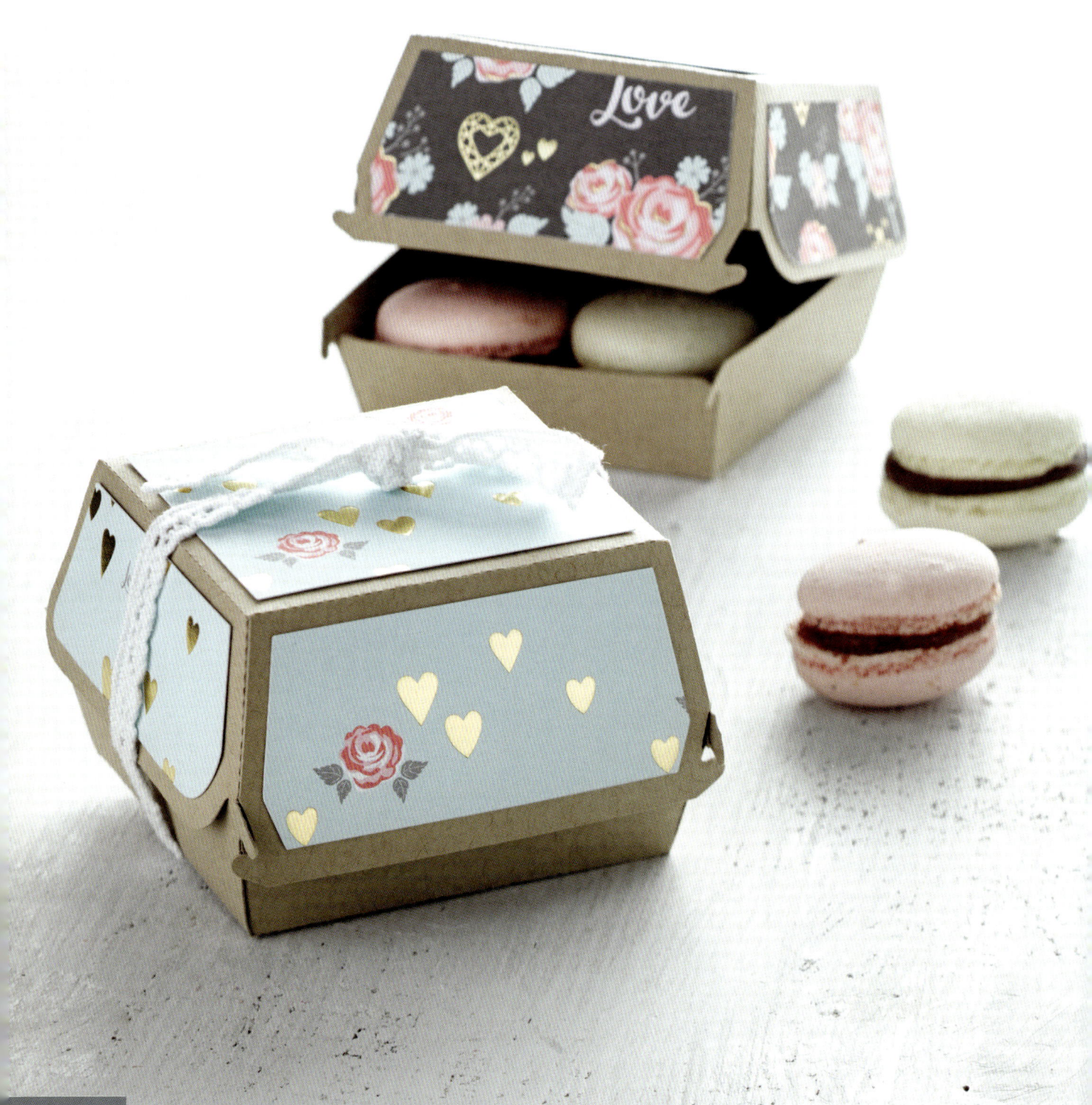
Love

Vielseitige Burger-Box

Modellgröße

7,5 cm × 7 cm × 5 cm

Schwierigkeitsgrad 2

Material

- Kraftkarton, A4, ca. 220 g/m²
- Motivkarton Hochzeit, A4, ca. 200 g/m²
- Dekoband in Weiß, 10 mm breit, 40 cm lang
- Klebstoff

Vorlage

„Box_Burger"

1 Die Schneidedatei öffnen und mittig platzieren. Die Datei setzt sich aus der Schachtel und den aufgeklebten Seitenflächen zusammen. Die roten Linien mit dem Befehl *Linienstil* als perforierte Schneidelinie definieren.

2 Den Kraftkarton auf die Schneidefolie legen, einziehen lassen und die Schachtel mit den passenden Schneideeinstellungen schneiden.

3 Tragen Sie auf die acht kleinen Flächen in den Ecken Klebstoff auf und kleben Sie diese an die Seiten.

4 Die aufgesetzten Klebeflächen aus dem Motivkarton zuschneiden, dann auf die entsprechende Fläche der Schachtel kleben. Füllen Sie die Schachtel nach Belieben und verschließen Sie diese mit dem Dekoband.

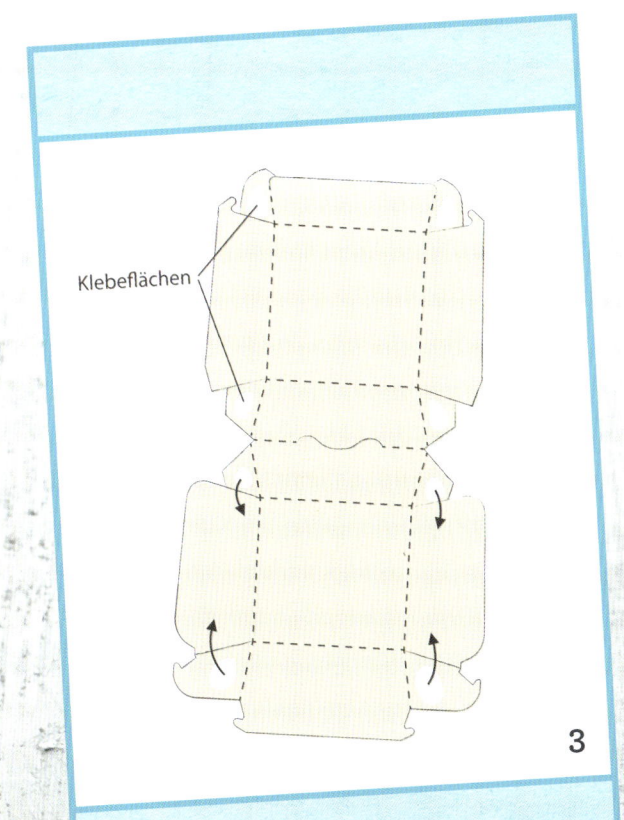

TIPP

Wenn Sie die Größe der Schachtel verändern möchten, machen Sie das direkt nach dem Öffnen der Datei. Wichtig ist, dass Sie nicht nur die Schachtel, sondern auch die fünf Zuschnitte zum Bekleben anpassen. Markieren Sie dazu alle Linien, gruppieren Sie diese und verändern Sie dann erst die Größe. Vor dem Weiterverarbeiten heben Sie die Gruppierung wieder auf.

Pralinenschachtel „für dich"

1 Die Datei besteht aus drei Linienfarben: Blau für Zeichenlinien, Rot zur Perforation und Schwarz für Schneidelinien. Die roten Linien mit dem Befehl *Linienstil* als perforierte Schneidelinie definieren. Den Karton auf die Schneidematte legen und einziehen lassen.

2 Zwei Halterungen (CAMEO 3): Wählen Sie die Funktion *Schnitteinstellungen (1)* und anschließend *Erweiterte Bearbeitung (2)*. Die rote Linie als perforierte Linie definieren und schwarz einfärben. Sie können den einzelnen Farben im Dokument unterschiedliche Parameter zuweisen (3). Ggf. die Schrittfolgen durch Verschieben in die gewünschte Reihenfolge bringen (3), sodass erst gezeichnet und dann geschnitten wird. Wählen Sie die blaue Ebene an und definieren Sie diese als Zeichenlinie, dann definieren Sie die schwarze Linie als Schneidelinie. Sofern Sie das automatische Messer verwenden, wählen Sie dann das *Automatische Messer (Automatic Blade) (4)* aus. Setzen Sie Messer und Stift in die entsprechenden Halterungen und senden Sie die Daten an die Silhouette. Diese zeichnet zunächst die Linien, fährt dann mit dem Schneidemodul nach links, justiert das Messer und beginnt dann mit dem Schneidevorgang.

2 Eine Halterung (CAMEO 2): Die Funktion *Schnitteinstellungen* wählen. Wählen Sie bei Schneidemodus *Erweitert* aus. Die schwarze und die rote Linie ausschalten und für die blaue Linie den Skizzenstift wählen. Setzen Sie den Stift – anstelle des Messers – in den Plotter ein, dann mit dem Feld *An Silhouette senden* starten. Nachdem alle Linien gezeichnet sind, das Papier nicht aus dem Plotter nehmen, sondern gleich im Anschluss schneiden. Dazu deaktivieren Sie die blauen Linien. Die roten und schwarzen Linien aktivieren. Separat für beide Linienfarben die Schneideeinstellungen wählen. Lassen Sie Falzlinien mit weniger Druck schneiden, so kann das Papier nicht so schnell brechen. *An Silhouette senden* wählen und schneiden lassen.

3 Die beiden Schachtelteile aus dem Papier lösen und die Falzlinien vorfalten. Die zwei Teile gemäß Abbildung zusammenkleben. Dann an der zweiten, seitlichen Klebefläche zusammenkleben.

4 Tragen Sie Klebstoff auf die Dreiecke am Boden auf. Dann unter die seitlichen Laschen kleben. Durch diese Technik kann die Schachtel vorsichtig zusammengefaltet und bei Bedarf aufgeklappt werden. Füllen Sie die Schachtel. Die oberen Träger dann zusammenlegen und die seitlichen Laschen in die Vertiefung schieben. Am Ende noch das Dekoband um die Griffe binden.

Modellgröße
10 cm × 6,5 cm × 12 cm (frei skalierbar)

Schwierigkeitsgrad 3

Material
- Fotokarton, 30,5 cm × 30,5 cm (12" × 12")
- Gelstift in Weiß
- Rest Dekoband, ca. 10 mm breit
- Klebstoff

Vorlage
„Box_Sketch_Schachtel"

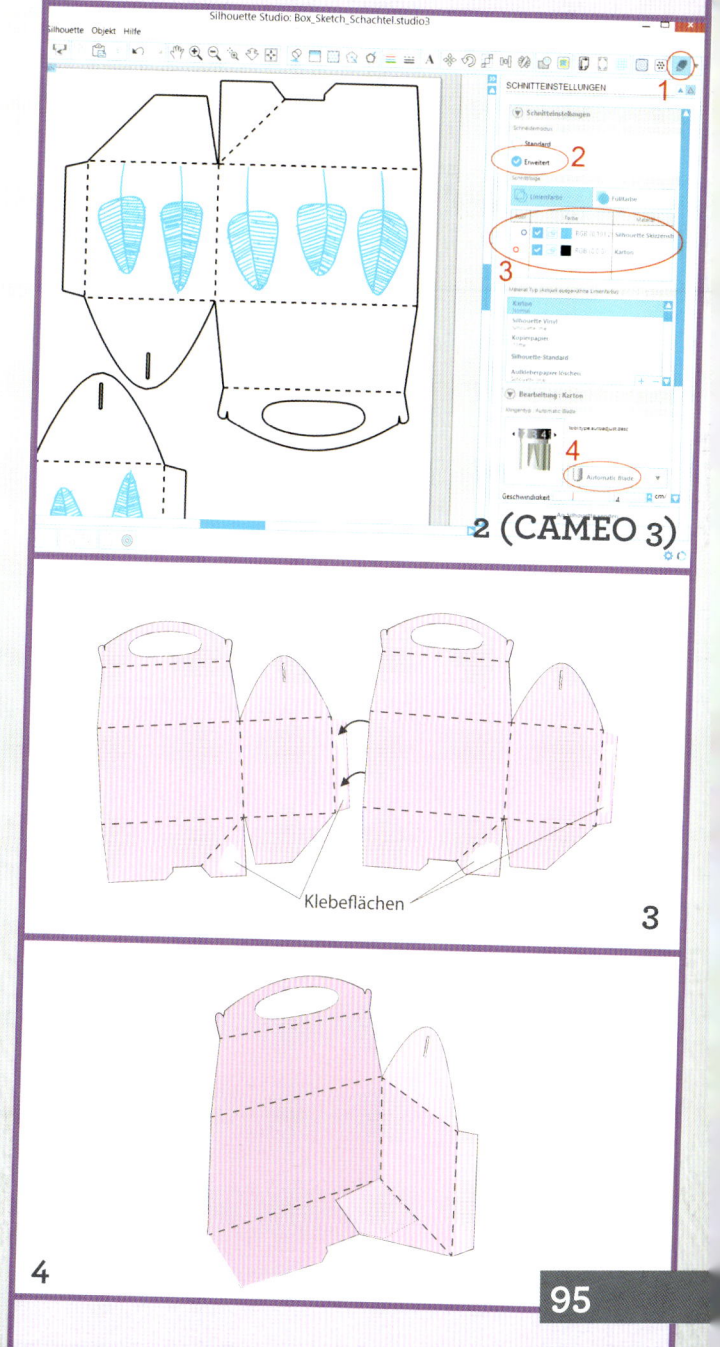

Dinoschachtel auf Rollen

Modellgröße

13 cm × 14 cm

Schwierigkeitsgrad 3

Material

- Fotokarton in Grün, A4
- Rest Tonzeichenpapier in Rot, A4
- Druckerpapier in Weiß, A4
- Dekoband in Kariert oder Gestreift
- Baumwollgarn (Bakers Twine) in Rot-Weiß
- Vier Holzrollen mit kleinem Loch, ø 3 cm
- Holzperle in Rot, ø ca. 1 cm
- Holzspieß und Holz- oder Perlenkleber
- Washi Tape

Vorlage

„Box_Dino"

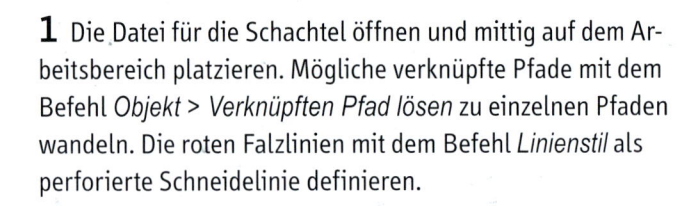

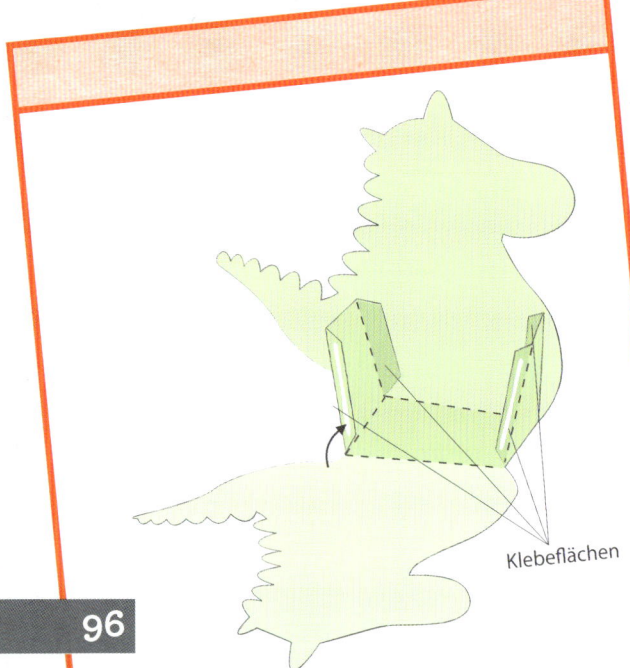

1 Die Datei für die Schachtel öffnen und mittig auf dem Arbeitsbereich platzieren. Mögliche verknüpfte Pfade mit dem Befehl *Objekt > Verknüpften Pfad lösen* zu einzelnen Pfaden wandeln. Die roten Falzlinien mit dem Befehl *Linienstil* als perforierte Schneidelinie definieren.

2 Legen Sie das grüne Papier auf die Schneidefolie und lassen Sie es einziehen. Alle nicht benötigten Schnittteile neben die virtuelle Matte schieben. Lassen Sie den Dino und die Arme jetzt ausschneiden. Danach die Zacken und die kleinen Kreise für die Räder aus rotem Karton ausschneiden lassen. Lassen Sie den Briefumschlag und die Augen aus weißem Papier schneiden.

3 Die Zacken, Augen und Arme an den Dino kleben. Die Holzperle auf das Bäckergarn auffädeln und festknoten, dann an der Schachtel befestigen. Klappen Sie die Seitenflächen der Schachtel nach oben und kleben Sie diese am Dino fest. Den Holzspieß in zwei ca. 6 cm lange Abschnitte unterteilen und ein Ende jedes Spießes in das Loch eines Rades kleben. Trocknen lassen.

4 Schieben Sie die Holzspieße mit den Rädern durch die Löcher der Schachtel. Das zweite Rad festkleben (den Holzspieß ggf. noch etwas kürzen) und gut trocknen lassen. Die Dinoschachtel befüllen und mit dem Rest Dekoband die Schachtel verschließen.

Klebeflächen

97

Bezaubernde Windlichter

Modellgröße

Höhe 11 cm, ø 9 cm

Schwierigkeitsgrad 1

Material

- Tonzeichenpapier in Rot, Türkis oder Orange, A4
- Transparentpapier, 26 cm × 10,5 cm
- doppelseitiges Klebeband, ca. 20 cm

Vorlagen

„Sonstiges_Tischlicht" (4 Vorlagen)

1 Die Datei für die Schachtel öffnen und mittig auf dem Arbeitsbereich platzieren. Mögliche verknüpfte Pfade mit dem Befehl *Objekt > Verknüpften Pfad lösen* zu einzelnen Pfaden wandeln. Schieben Sie nicht benötigte Objekte neben die Arbeitsfläche, so werden sie nicht mitgeschnitten.

2 Das Tonzeichenpapier auf die Schneidematte legen und einziehen lassen. Öffnen Sie das *Schnitteinstellungen-Fenster.* Das verwendete Material wählen, Messer einstellen und das Windlicht schneiden lassen.

3 Das Transparentpapier im mittleren Bereich mit dem doppelseitigen Klebeband oberhalb und unterhalb der ausgeschnittenen Motive festkleben. Die Enden müssen nicht mit festgeklebt werden, so kann sich das Transparentpapier besser an die Rundung beim Zusammenstecken anpassen. Wenn Sie es am kompletten Rand festkleben, könnte sich das Transparentpapier wellen.

99

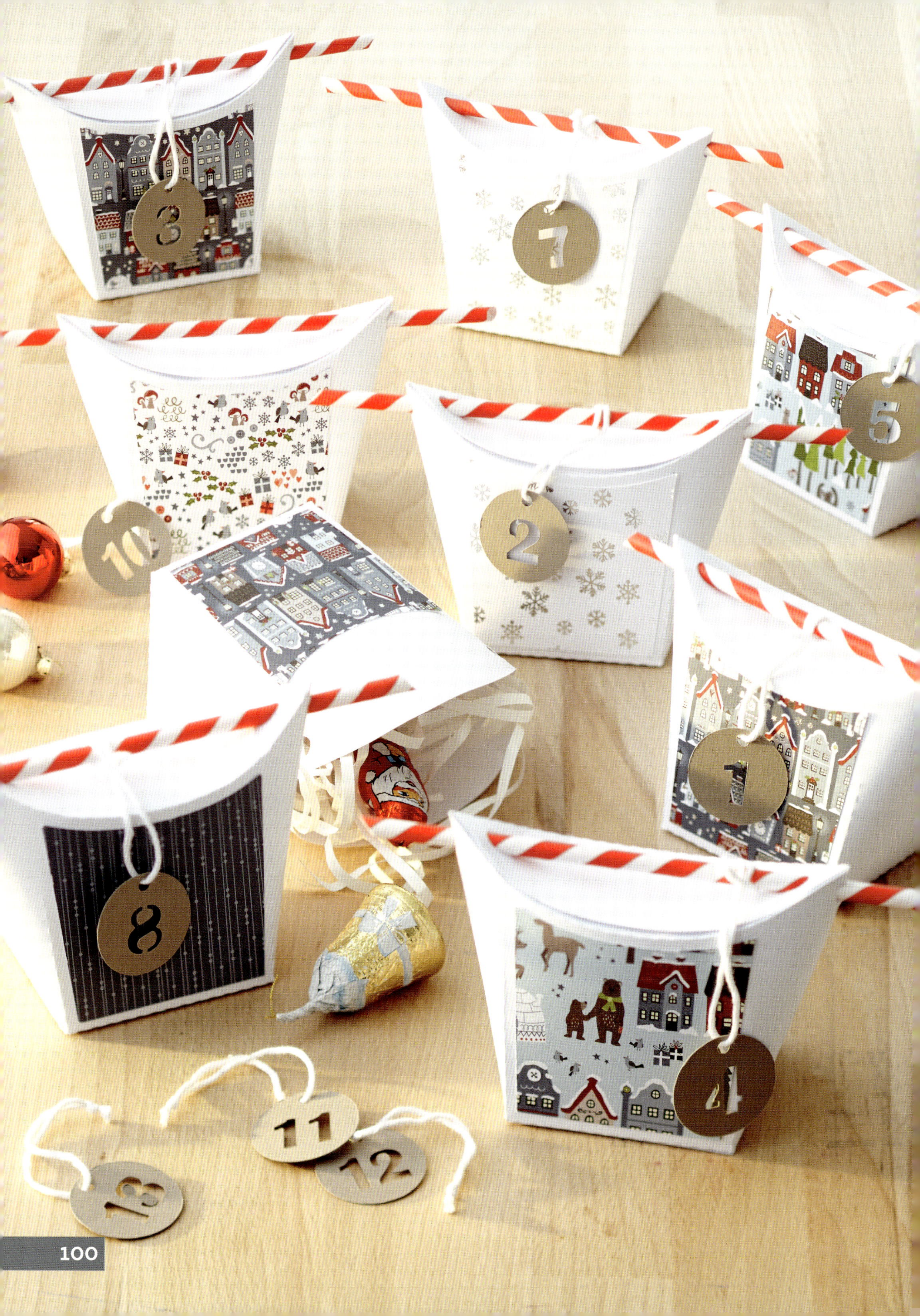
3
7
5
10
2
1
8
4
11
12
13

Adventskalender von Herzen

Modellgröße

12 cm × 10 cm

Schwierigkeitsgrad 2

Material

für 24 Schachteln
- 24 Druckerpapiere, A4, 160 g/m²
- Kraftkarton, A4
- 6 Motivkartons mit weihnachtlichen Motiven, A4
- 24 Papierstrohhalme
- Wolle in Weiß

Vorlagen

„Box_Adventskalender"
„Box_Adventskalender_Zahlen"

1 Die Datei für die Schachteln öffnen und mittig auf dem Arbeitsbereich platzieren. Mögliche verknüpfte Pfade mit dem Befehl *Objekt > Verknüpften Pfad lösen* zu einzelnen Pfaden wandeln. Die roten Linien mit dem *Linienstil* als perforierte Schneidelinie definieren. Die nicht benötigten Objekte (aufgesetzte Seitenflächen) neben die virtuelle Arbeitsfläche schieben, so werden sie nicht mitgeschnitten.

2 Je einen Bogen Druckerpapier einlegen und die Linien schneiden bzw. perforieren lassen.

3 Tauschen Sie die Schneidedateien für die aufgesetzten Seitenflächen und die Schachteln auf der Arbeitsfläche. Acht Zuschnitte (für vier Schachteln) passen dabei auf einen DIN-A4-Bogen. Je einen Bogen bunten Motivkarton auf die Schneidematte legen und einziehen lassen. Lassen Sie insgesamt 48 farbige Seitenteile schneiden und kleben Sie diese auf die Seiten der Schachteln. Gut trocknen lassen.

4 Schließen Sie die Seiten der Schachtel mit Klebstoff. Dann den Boden an die Klebelaschen der Seiten kleben und alles gut trocknen lassen. Schneiden Sie die Enden der 24 Strohhalme mit einem Messer schräg an. Die Schachteln füllen, die Deckelseiten nach innen klappen und je einen Strohhalm durch die Löcher schieben.

5 Die Datei für die Zahlen öffnen und, wie in Schritt 1 beschrieben, die Datei vorbereiten. Legen Sie den Kraftkarton ein und lassen Sie ihn schneiden. Die Wolle in ca. 20 cm lange Abschnitte teilen und an die Zahlen knoten. Befestigen Sie die Zahlen an den Strohhalmen des Adventskalenders.

TIPP

Mit kleinem Aufwand lassen sich die Schachteln prima für eine Hochzeit verwenden. Schreiben Sie (bzw. Ihr Plotter) die Namen der Gäste mit einem Gelstift auf die Seiten der Schachteln. Gefüllt werden die kleinen Schachteln dann mit den obligatorischen fünf Hochzeitsmandeln. Voilà, Ihre Tischkärtchen Deluxe sind fertig.

Strahlender Stern

Modellgröße

ø 41 cm

Schwierigkeitsgrad 3

Material

- 5 Druckerpapiere, A4, 160 g/m^2
- 4 Transparentpapiere, A4
- Lichterkette, 20 Birnen
- Klebstoff

Vorlagen

„Sonstiges_Stern"
„Sonstiges_Stern_TP"

1 Öffnen Sie die Datei für den Stern und platzieren Sie diese mittig auf dem Arbeitsbereich. Mögliche verknüpfte Pfade mit dem Befehl *Objekt > Verknüpften Pfad lösen* zu einzelnen Pfaden wandeln. Die roten Linien mit dem Befehl *Linienstil* als perforierte Schneidelinie definieren. Schieben Sie das nicht benötigte Sternmotiv neben die Arbeitsfläche, so wird es nicht mitgeschnitten.

2 Je einen Bogen Druckerpapier einlegen und die Linien schneiden bzw. perforieren lassen. Am Ende noch zwei der Ministerne zuschneiden.

3 Rufen Sie danach die Datei „Stern_TP" (TP für Transparentpapier) auf und lassen Sie insgesamt 20 Dreiecke schneiden. Diese mit Klebstoff in die Spitzen des Sterns kleben. Den Klebstoff gut trocknen lassen.

4 Falzen Sie jeden der fünf Zuschnitte zu einer Sternspitze und kleben Sie diese zusammen. Danach die fünf Spitzen zusammenkleben. Bevor Sie die letzten Teile zusammenkleben, legen Sie die Lichterkette in den Stern. Dafür ggf. ein kleines Stück aus dem Stern schneiden, damit das Kabel der Lichterkette nicht die Ecken zerdrückt. Zum Schluss beide Ministerne in die Mitte des großen Sterns kleben.

HINWEIS

In der Vorlage finden Sie einen weiteren Stern mit kleinen Sternen auf den Seiten. Er lässt sich ebenfalls zu einer solchen Stern-Lampe verarbeiten.

103

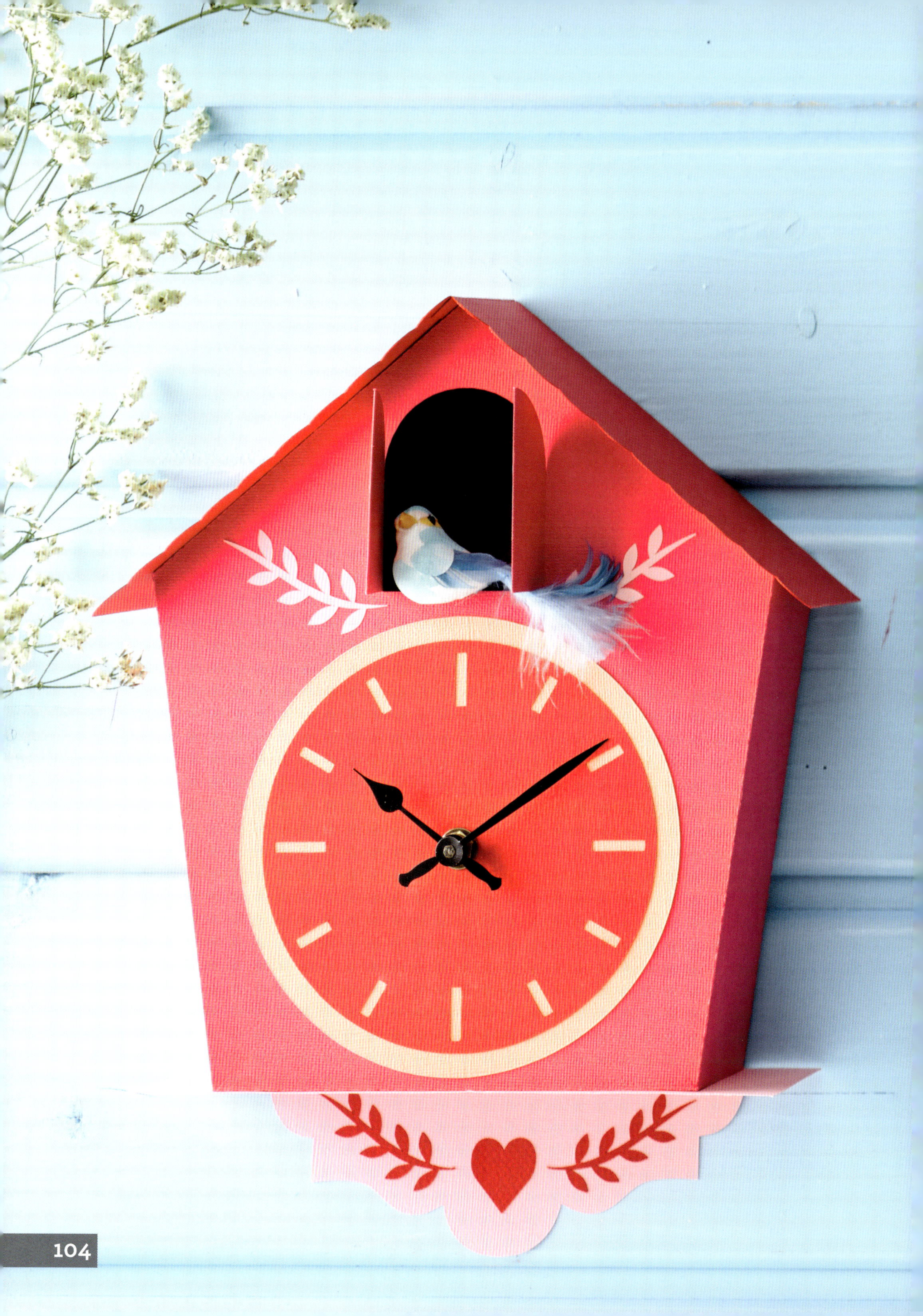

Rosarote Kuckucksuhr

Modellgröße

ca. 23 cm × 34 cm × 6,5 cm

Schwierigkeitsgrad 3

Material

- 2 Scrapbook-Papiere (Cardstock) in Pink, 30,5 cm × 30,5 cm (12" × 12")
- Je 1 Scrapbook-Papier in Rot, Orange, Rosa und Dunkelrot, 30,5 cm × 30,5 cm (12" × 12")
- Uhrwerk
- Dekovogel, ca. 8 cm lang
- evtl. Wellpappe zur Verstärkung

Vorlage

„Sonstiges_Kuckucksuhr"

1 Die Datei für die Kuckucksuhr öffnen und mittig auf dem Arbeitsbereich platzieren. Die Datei wird nicht auf die virtuelle Arbeitsfläche passen, einige Teile können Sie neben der Fläche lassen. Mögliche verknüpfte Pfade mit dem Befehl *Objekt > Verknüpften Pfad lösen* zu einzelnen Pfaden wandeln. Die roten Falzlinien mit dem Befehl *Linienstil* als perforierte Schneidelinie definieren.

2 Schneiden Sie die Vorder- und Rückseite der Uhr aus pinkem Karton. Das Bodenteil und einige Ranken aus rosafarbenem Karton schneiden. Das Ziffernblatt aus rotem bzw. orangenem Karton schneiden und das Dach sowie die Ranken und das Herz unten aus dunkelrotem Karton schneiden.

3 Kleben Sie Vorder- und Rückseite der Kuckucksuhr zusammen. Für die Innenseite ggf. aus der Wellpappe ein ca. 16 cm × 16 cm großes Rechteck mit Loch in der Mitte zuschneiden und zur Verstärkung auf die Rückseite des Vorderteils kleben. So hat das Uhrwerk später mehr Halt. Kleben Sie dann den Boden und das Dach an die Kuckucksuhr. Das Bodenteil mit dem Herz und zwei Ranken dekorieren. Bekleben Sie die Vorderseite der Uhr mit zwei weiteren Ranken und dem Ziffernblatt. Dann das Uhrwerk durch die hintere Öffnung einsetzen. Den Dekovogel am Bauch leicht einschneiden und auf den Rand des Fensters klemmen (alternativ festkleben).

Süße Grüße: Cupcakes in Schachteln

Modellgröße

10 cm × 10 cm × 15 cm

Schwierigkeitsgrad 2

Material

- Fotokarton mit Alpenmotiven, 45 cm × 50 cm
- Rest transparente Folie
- Cupcake mit großartigem Topping (damit man ihn durch das Fenster sehen kann)

Vorlage

„Box_Cupcake"

1 Die Datei für die Schachteln öffnen und mittig auf dem Arbeitsbereich platzieren. Mögliche verknüpfte Pfade mit dem Befehl *Objekt > Verknüpften Pfad lösen* zu einzelnen Pfaden wandeln. Die roten Linien mit dem Befehl *Linienstil* als perforierte Schneidelinie definieren. Die nicht benötigten Objekte (Boden und Einsatz für Cupcake) neben die Arbeitsfläche schieben, so werden sie nicht mitgeschnitten.

2 Schneiden Sie vom linken Rand des Fotokartons zwei 25 cm x 25 cm große Quadrate ab. Den länglichen Rest erstmal zur Seite legen. Eines der Quadrate auf die Schneidematte legen, in den Plotter einziehen und normal schneiden lassen. Aus dem zweiten quadratischen Zuschnitt ebenfalls ein Schachtelteil schneiden lassen, dabei aber das Fenster vorher rauslöschen.

3 Kleben Sie die Folie von hinten gegen das Fenster. Dann die beiden Schachtelteile an den Seiten zusammenkleben und den Klebstoff trocknen lassen. Lassen Sie in der Zwischenzeit aus dem Rest Fotokarton das Bodenteil und den Einsatz für den Cupcake schneiden. Den Boden unter die Schachtel kleben, die vier Seiten des Cupcake-Einsatzes nach unten klappen und von oben in die Schachtel geben. Stellen Sie dann den Cupcake in die Schachtel und schließen Sie den Deckel.

TIPP

Fotokarton wird häufig in Bögen mit den Maßen 70 cm × 50 cm verkauft. Mit geschickter Anordnung können Sie zwei Schachteln aus dem Großbogen schneiden. Ggf. können Sie die Einsätze für den Cupcake aus einem anderen – farblich passenden – Karton schneiden.

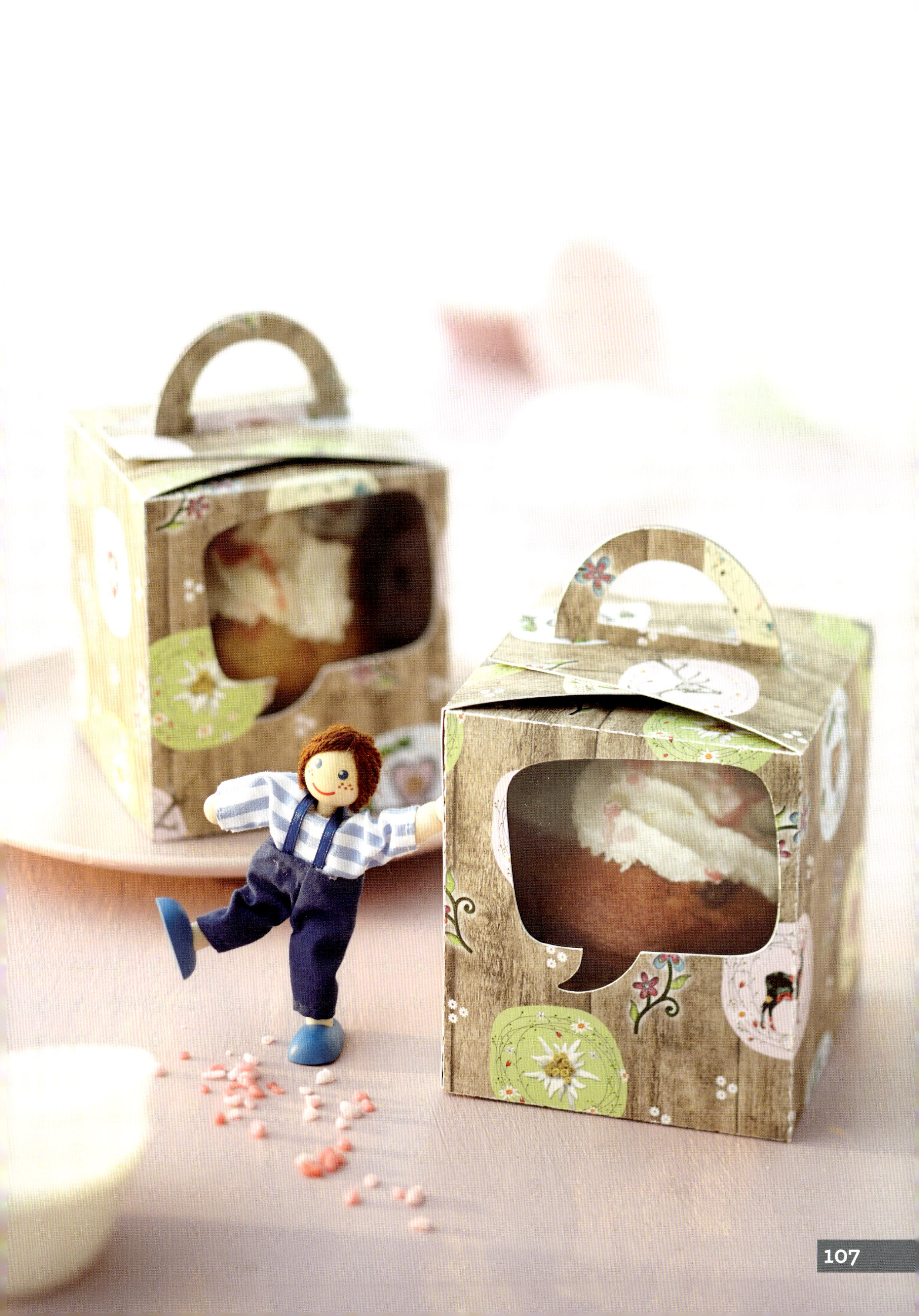

Tee ist Glück in Tassen

Feinheiten mit Folie

Freches Shirt

Modellgröße

für Kinder-Shirt
12,5 cm × 23 cm

Schwierigkeitsgrad 1

Material

- Aufbügelfolie (Flexfolie) in Orange, Rot und Pink, je mind. 15 cm × 10 cm
- T-Shirt in Weiß, ohne Weichspüler vorgewaschen
- Bügeleisen, Holzbrett, Backpapier
- Entgitterhaken

Vorlage

„Silhouetten_Voegel"

1 Öffnen Sie die gewünschte Datei und platzieren Sie diese mittig. Die Motive mit dem Befehl *Replizieren > Rechts spiegeln* spiegeln. Löschen Sie die nicht gespiegelte Version.

2 Da die Motive aus drei verschiedenen Folien geschnitten werden, jedes Motiv einzeln ausschneiden. Die nicht benötigten Motive neben die Arbeitsfläche schieben, so werden sie nicht mitgeschnitten. Dann die erste Flexfolie so auf die Schneidefolie legen, dass die glänzende Folie unten liegt, die matte Fläche zeigt nach oben. Schneiden Sie das erste Motiv mit den Schneideeinstellungen für Thermotransfer (Glatt).

3 Nach dem Schneiden das Motiv am PC neben die Schneidematte schieben. Schieben Sie das zweite Motiv auf die Schneidefläche. Die zweite Folie schneiden. Mit der dritten Folie ebenso verfahren.

4 Mit einem Entgitterhaken oder einem anderen spitzen Gegenstand die überstehende Folie entfernen. Schneiden Sie anschließend die überstehende Trägerfolie grob aus. Dann ordnen Sie die Motive auf dem T-Shirt an. Das T-Shirt auf das Holzbrett legen und die Motive mit Backpapier abdecken. Bügeln Sie diese mit sehr viel Druck nach Herstellerangaben heiß auf (s. S. 43). Die Trägerfolie nach dem Abkühlen lösen und das Motiv nochmals mit Backpapier und viel Druck aufbügeln.

TIPP

Suchen Sie sich Ihr Lieblingsmotiv und Ihre Lieblingskleidung aus. Die Motive können skaliert werden und passen so auf alle Kleidergrößen. Sie können so Ihre eigene Kollektion entwerfen.

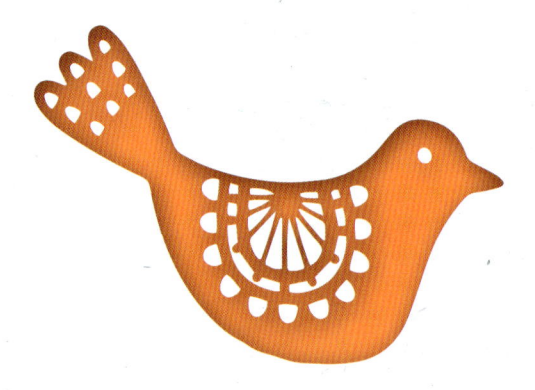

111

Einhorn-Kakao

Modellgröße

Höhe 11 cm, ø 9 cm

Schwierigkeitsgrad 2

Material

- Druckerpapier in Weiß, A4 160 g/m²
- Rest Fotokarton in Hellblau
- Filzstifte in Rot, Orange, Gelb, Grün, Blau, Lila
- Dekoglitter in Weiß und Gold
- Klebefolie in Gold
- Bucheinschlagfolie
- Coffee-to-go-Becher, 0,4 l mit rundem Deckel
- Kakaopulver und Mini-Marshmallows
- Klebstoff

Vorlage

„Box_Aufleger_Einhorn"

1 Öffnen Sie die Einhorn-Datei. Diese mittig auf dem Arbeitsbereich platzieren. Mögliche verknüpfte Pfade mit dem Befehl *Objekt > Verknüpften Pfad lösen* zu einzelnen Pfaden wandeln. Die nicht benötigten Objekte neben die virtuelle Arbeitsfläche schieben, so werden sie nicht mitgeschnitten.

2 Den Innenrand des Bechers nachmessen und die Größe des blauen Kreises und der Einhörner ggf. verkleinern bzw. vergrößern. Der blaue Kreis muss genau in den Deckel passen. Dann die beiden Zuschnitte für das Einhorn aus dem starken, weißen Druckerpapier und den etwas größeren Kreis aus blauem Karton schneiden. Malen Sie den Einhornschweif bunt an. Den blauen Kreis mit der Unterseite auf etwas Bucheinschlagfolie kleben und die überstehenden Ränder abschneiden.

3 Knicken Sie die Einhörner nach oben. Am Kopf und Schweif zusammenkleben, nicht jedoch im unteren Bereich. Kleben Sie den Kreis mit dem Einhorn auf den blauen Kreis (die Folienseite zeigt nach unten). Unter dem Einhorn stehen die beiden Kreise etwas auseinander, der blaue Kreis ist sichtbar. Dies sorgt dafür, dass das Einhorn aufrecht steht. Etwas Glitter in den Deckel des Bechers füllen und den Kreis mit dem Einhorn am Rand vorsichtig im Deckel festkleben. Gut trocknen lassen.

4 Den Schriftzug inklusive Einhorn aus goldener Folie zuschneiden. Entfernen Sie die überstehenden Flächen mit dem Entgitterhaken. Übertragen Sie jetzt das Motiv mithilfe der Bucheinschlagfolie auf den Becher (s. S. 46). Den Kakao in den Becher füllen und mit Mini-Marshmallows oder sonstigen Schleckereien wie Zuckerstreusel auffüllen. Den Deckel gut verschließen. Die Folie unter dem blauen Papier sorgt dafür, dass die Fette in den Lebensmitteln den Karton nicht durchweichen.

TIPP

Sie wollen nicht extra für dieses Projekt eine selbstklebende Folie in Gold kaufen? Macht nichts. In der Dateivorlage befindet sich die Vorlage für einen Anhänger. Den können Sie an den Becher hängen.

Skyline im Wohnzimmer

Modellgröße

68 cm × 35 cm

Schwierigkeitsgrad 2

Material

- matte Vinylfolie in Blau, ca. 70 cm × 30 cm
- Transferfolie (alternativ klebende Bucheinschlagfolie), mind. 70 cm × 30 cm
- Entgitterhaken

Vorlage

„Silhouetten_Berlin"

HINWEIS

Der Berliner Fernsehturm ist im Vergleich zu den anderen Gebäuden extrem hoch. Die Spitze des Turms wird daher separat zugeschnitten und extra angeklebt. So lässt sich aus der vorhandenen Folie ein größeres Motiv zuschneiden.

1 Die Datei mit der Skyline öffnen und mittig auf dem Arbeitsbereich platzieren. Schieben Sie die Spitze des Fernsehturms zur Seite und lassen Sie die restliche Skyline ausschneiden.

2 Entfernen Sie mit dem Entgitterhaken die überstehende Folie. Die Spitze des Fernsehturms ausschneiden. Kleben Sie dann die Transferfolie auf das große Motiv. Sofern Sie mit Bucheinschlagfolie anstelle von Transferfolie arbeiten, die Folie einige Male auf eine Wolldecke oder ein T-Shirt kleben, um die Klebekraft zu verringern. Dann wie mit der Übertragungsfolie das Motiv übertragen. Anschließend auf die Wand übertragen. Danach die Spitze des Fernsehturms und die Sterne übertragen.

TIPP

Wenn Sie mit schmaleren Folien arbeiten, müssen Sie die Größe des Motivs anpassen. Außerdem müssen dann die weißen Transportrollen verstellt werden, sodass die Folie unter beiden Rollen läuft.

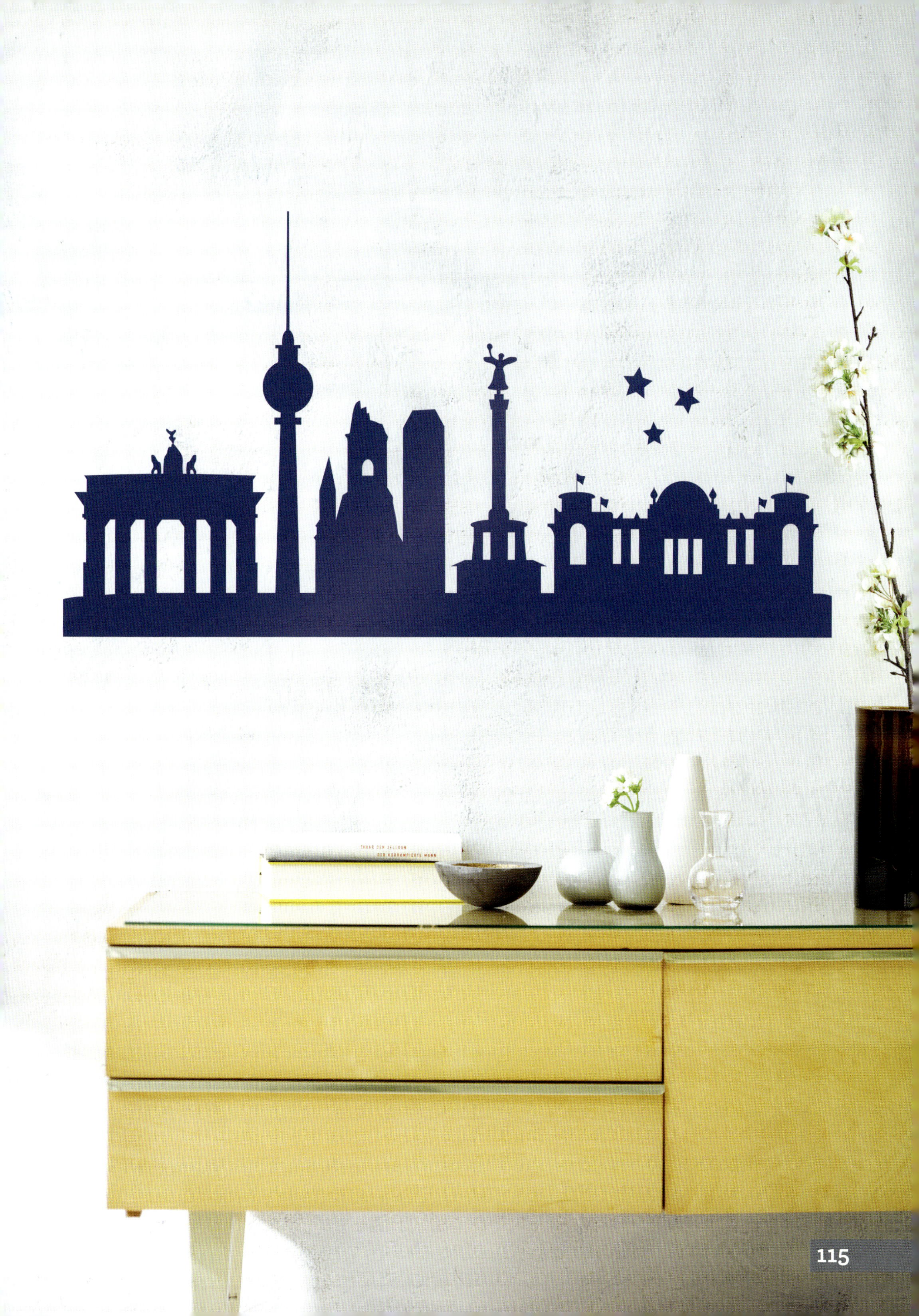

Wandatlas

Modellgröße

30 cm × 15 cm

Schwierigkeitsgrad 2

Material

- Scrapbook-Papier (bzw. d-c-fix-Folien) mit unterschiedlichen Mustern und Farben, 30,5 cm × 30,5 cm (12" × 12")
- Kleister oder Mod Podge (Übertragungsfolie bei d-c-fix-Folien)
- Holzwand
- Stempel und Stempelkissen
- Eintrittskarten oder Telegramm-Motive
- Rest Masking Tape

Vorlage

„Silhouetten_Weltkarte"

HINWEIS

Der Wandatlas kann sowohl aus Papier als auch aus Folie zugeschnitten werden. Mit schwarzer Folie wird dieses Modell zu einem schlichten Wandtattoo. Oder schneiden Sie alle Erdteile aus verschiedenen Folien zu und kleben Sie diese dann an Ihre Wohnzimmerwand. Ihre Reiseziele können Sie mit kleinen Fähnchen markieren.

1 Die Datei öffnen und mittig platzieren. Mögliche verknüpfte Pfade mit dem Befehl *Objekt > Verknüpften Pfad lösen* zu einzelnen Pfaden wandeln. Ggf. die Größe der Weltkarte anpassen. Dann die nicht benötigten Objekte neben die virtuelle Arbeitsfläche schieben, so werden sie nicht mitgeschnitten.

2 Schieben Sie nun Kontinent für Kontinent einzeln auf die Arbeitsfläche und lassen Sie diese aus den unterschiedlichen Papieren bzw. Folien schneiden.

3 Die einzelnen Kontinente auf dem Hintergrund (der Holzwand) anordnen und mit etwas Masking Tape an einer Seite befestigen. Klappen Sie den Kontinent um und streichen Sie die Rückseite mit Kleister ein. Dann zurückklappen und festdrücken. Am Ende einige Motive auf den Hintergrund stempeln und Eintrittskarten an den Rand kleben. Beim Arbeiten mit Folie gehen Sie wie auf Seite 114 beschrieben vor.

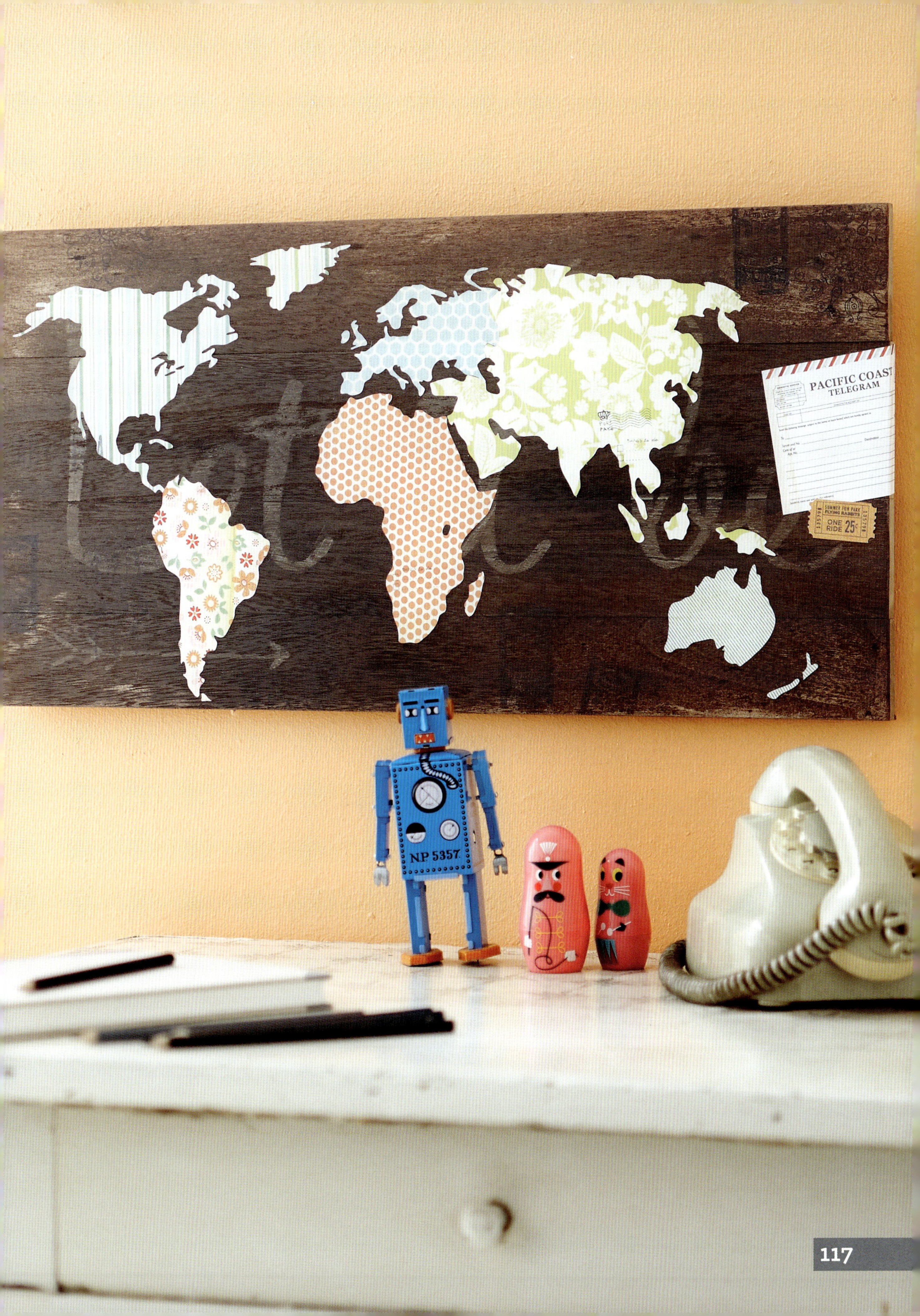
PACIFIC COAST
TELEGRAM
ONE RIDE 25¢
NP 5357

Zitate für zu Hause

Modellgröße

12,5 cm × 23 cm

Schwierigkeitsgrad 2

Material

- matte Vinylfolie in Weiß, ca. 50 cm × 60 cm
- Transferfolie (alternativ klebende Bucheinschlagfolie)
- verwittertes Holzbrett, ca. 50 cm × 60 cm
- Entgitterhaken

Vorlagen

„Silhouetten_Tee"
„Silhouetten_Kaffee"

1 Öffnen Sie die Datei mit dem Spruch und der Tasse und platzieren Sie diese mittig auf dem Arbeitsbereich. Mögliche verknüpfte Pfade mit dem Befehl *Objekt > Verknüpften Pfad lösen* zu einzelnen Pfaden wandeln.

2 Die Vorlagendatei ist auf DIN A4 angepasst, ggf. müssen Sie die Motive in der Datei vergrößern. Bei diesem Beispiel wurden die Motive auf einer größeren Matte und im Hochformat geschnitten. Außerdem wurde die Tasse mit dem Dampf separat zugeschnitten. Mit diesen kleinen Tricks können Sie recht große Motive zuschneiden.

3 Mit dem Entgitterhaken die überstehende Folie entfernen. Dann die Transferfolie auf das Motiv kleben und auf das Holz übertragen. Sofern Sie mit Bucheinschlagfolie zum Übertragen arbeiten, die Folie einige Male auf eine Wolldecke oder ein T-Shirt kleben, um die Klebekraft zu verringern. Übertragen Sie dann das Motiv wie mit der Übertragungsfolie.

TIPP

Was?!? Sie mögen gar keinen Tee? Kann ich mir als passionierter Teetrinker ja kaum vorstellen. Soll es aber geben. Bei den Dateien finden Sie auch den Schriftzug „Kaffee ist Glück in Tassen". Sie können Ihre Lieblingszitate außerdem effektvoll als Wandtattoos (z. B. in Küche oder Wohnzimmer) verwenden. Oder Sie setzen es klein auf ein Hängeschildchen (z. B. weiß, oval) und schenken einem Bekannten einen passenden Spruch.

Tee ist Glück in Tassen

ICH BIN schon **8** JAHRE

Geburtstags-Shirt

Modellgröße
10 cm × 18 cm

Schwierigkeitsgrad 1

Material
- Flockfolie in Grau, mind. 12 cm × 20 cm
- Rest Flockfolie in Rot
- T-Shirt in Weiß
- Entgitterhaken
- Bügeleisen
- feste Unterlage (z. B. Holzbrett) und Backpapier

Vorlage
„Silhouetten_Ich_bin_schon_x_Jahre"

1 Die Datei öffnen und mittig auf der Arbeitsfläche platzieren. Mögliche verknüpfte Pfade mit dem Befehl *Objekt > Verknüpften Pfad lösen* zu einzelnen Pfaden wandeln. Löschen Sie dann alle nicht benötigten Zahlen und Motive. Die entsprechende Jahreszahl des Kindes zunächst neben die virtuelle Arbeitsfläche schieben.

2 Spiegeln Sie das Motiv. Dazu das *Replizieren-Fenster* öffnen, nach *links spiegeln* und das Original löschen.

3 Die Flockfolie mit der glänzenden Seite (Trägerfolie) nach unten auf die Schneidefolie kleben und vom Plotter einziehen lassen. Das Motiv schneiden, dann die überstehende Folie um das Motiv mit dem Entgitterhaken entfernen. Spiegeln Sie dann die Zahl und lassen Sie sie aus der roten Flockfolie schneiden. Ebenfalls die überstehende Flockfolie entfernen.

4 Legen Sie die ausgeschnittenen Motive auf das T-Shirt. Mit dem Backpapier abdecken, auf dem Holzbrett platzieren und nach Herstellerangaben die Motive aufbügeln. Dabei kräftig Druck auf das Bügeleisen ausüben. Die Übertragung klappt durch Hitze und Druck.

TIPP

Für die ganz Kleinen darf es gerne noch etwas niedlicher sein. Und der Große ist nicht „schon" neun Jahre, sondern „endlich" neun Jahre alt. Beide Varianten finden Sie bei den Vorlagen. Lassen Sie Ihrer Kreativität freien Lauf, auch Freunde und Familie freuen sich über ein persönliches Shirt zum Geburtstag oder zu anderen Anlässen.

Baukastenset: Spannende T-Shirts

Modellgröße

19 cm × 16 cm

Schwierigkeitsgrad 2

Material

- Glitterfolie zum Aufbügeln, etwas größer als Ihr Motiv
- T-Shirt in Pink
- Entgitterhaken
- Bügeleisen
- feste Unterlage (z. B. Holzbrett) und Backpapier

Vorlagen

„Silhouetten_Baukasten" (10 Vorlagen)

HINWEIS

„Der Baukasten" besteht aus einer Sammlung von Motiven, die Sie frei miteinander kombinieren und natürlich um eigene Motive erweitern können. Ihre Lieblings-Kombinationen können Sie natürlich auf jeden geeigneten Baumwolluntergrund, wie z. B. auch einen Turnbeutel, bügeln.

1 Die Datei öffnen und mittig auf der Arbeitsfläche platzieren. Mögliche verknüpfte Pfade mit dem Befehl *Objekt > Verknüpften Pfad lösen* zu einzelnen Pfaden wandeln. Dann alle nicht benötigten Motive löschen, die restlichen Motive nach Belieben anordnen und ggf. ergänzen.

2 Spiegeln Sie die ausgewählten Motive. Dazu das *Replizieren-Fenster* öffnen, nach *links spiegeln* und das Original löschen.

3 Kleben Sie die Glitterfolie mit der glänzenden Seite (Trägerfolie) nach unten auf die Schneidefolie und lassen Sie diese vom Plotter einziehen. Das Motiv schneiden, dann die überstehende Folie um das Motiv mit dem Entgitterhaken entfernen.

4 Das Motiv auf das T-Shirt legen, mit dem Backpapier abdecken, auf dem Holzbrett platzieren und nach Herstellerangaben die Motive aufbügeln. Üben Sie dabei kräftig Druck auf das Bügeleisen aus.

123

Zarte Schnitte aus Stoff

125

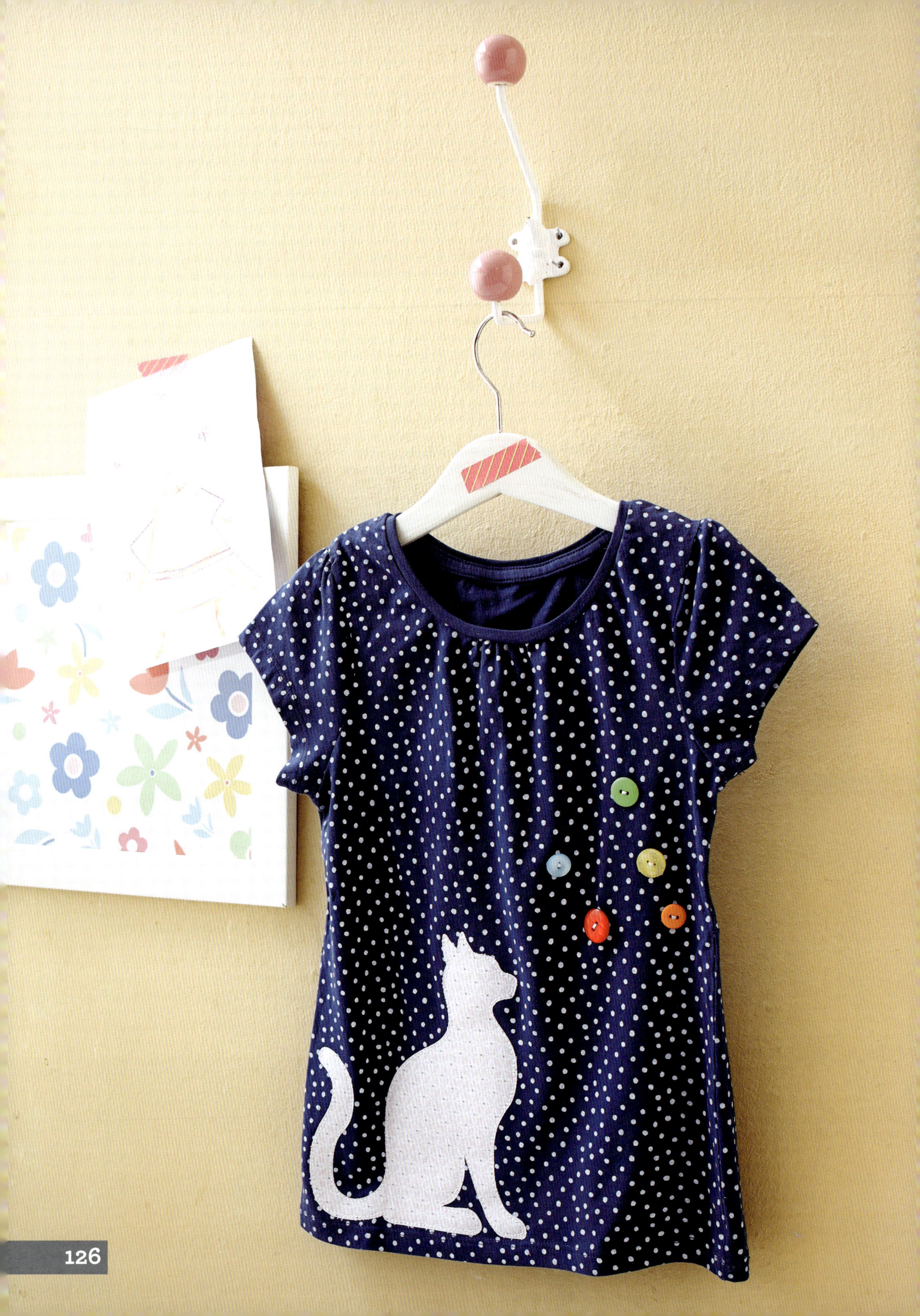

T-Shirt für Tierfreunde

Modellgröße

16 cm × 20 cm

Schwierigkeitsgrad 3

Material

- gemusterter Stoff (Webware), 20 cm × 25 cm
- aufbügelbares Klebevlies
- T-Shirt
- 5 Knöpfe in verschiedenen Farben und Größen
- Rest ausreißbares Vlies

Vorlagen

„Silhouetten_Katze"
„Silhouetten_Hund"

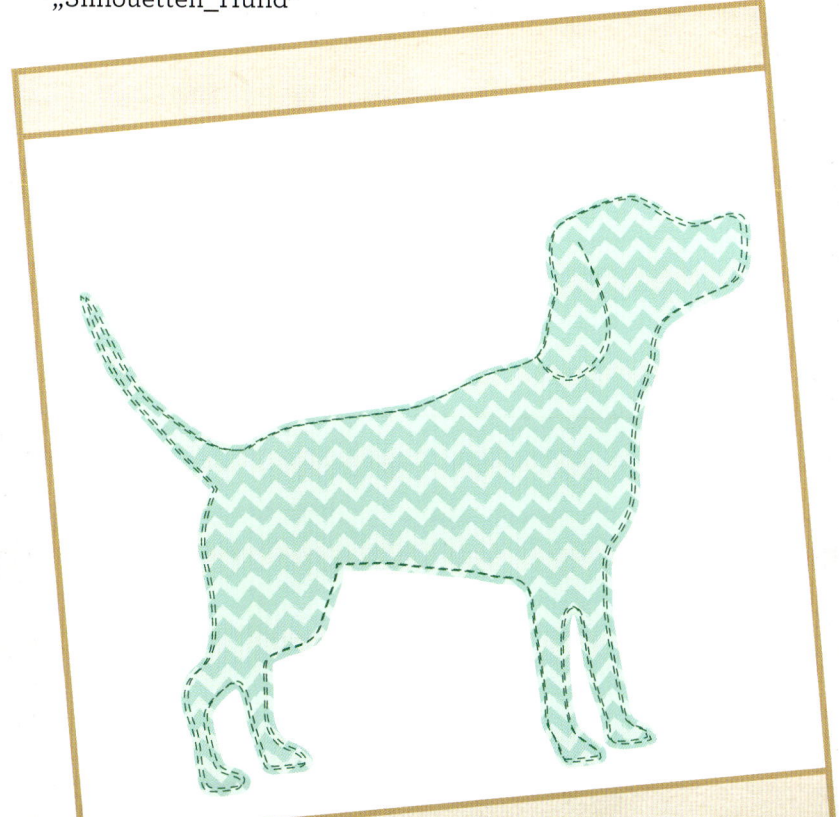

1 Die Datei mit der Katze öffnen und mittig auf dem Arbeitsbereich platzieren.

2 Den aufbügelbaren Klebevlies auf die Rückseite des Stoffes bügeln, die Trägerfolie noch nicht lösen. Kleben Sie diesen mit der Trägerfolie nach unten auf die Schneidematte. Dann das Motiv ausschneiden.

3 Das Motiv erst von der Schneidematte, dann von der Trägerfolie lösen und gemäß Herstellerangaben auf das Kleidungsstück bügeln. Legen Sie das ausreißbare Vlies von hinten gegen das T-Shirt und fixieren Sie es mit Stecknadeln. Den Rand des Motives mit einem Dreifachstich absteppen. Das ausreißbare Vlies abreißen. Nähen Sie anschließend die Knöpfe auf das T-Shirt.

TIPP

Ich bin nicht nur leidenschaftliche Teetrinkerin (s. S. 118), sondern auch durch und durch ein „Katzen-Mensch". Sollten auch hier unsere Leidenschaften auseinander liegen und Sie ein „Hunde-Mensch" sein, finden Sie bei den Vorlagen auch eine Hundesilhouette.

128

Trendtäschchen mit Strass

Modellgröße

hello!: 10 cm × 6 cm
Brillant: 15 cm × 11 cm

Schwierigkeitsgrad 2

Material Tasche hello!

- Strass-Materialset
- 118 aufbügelbare Strasssteine in Weiß, ø 3 mm
- Tasche in Blau, 15 cm × 12 cm
- Küchenschwamm
- Rest Backpapier
- Pinzette

Material Tasche mit Brillant

- Strass-Materialset
- 325 aufbügelbare Strasssteine in Weiß, ø 3 mm
- Tasche in Weiß, ca. 25 cm × 18 cm
- Textil-Sprühfarbe (z .B. Fashion Spray)
- kleine Troddel in Pink
- Anhänger in Silber
- Küchenschwamm
- Rest Backpapier
- Pinzette

Vorlagen

„Rhinestones_Brillant" und „Rhinestones_Hello"

1 Öffnen Sie die gewünschte Datei und platzieren Sie diese mittig. Mögliche verknüpfte Pfade mit dem Befehl *Objekt > Verknüpften Pfad lösen* zu einzelnen Pfaden wandeln.

2 Ein Blatt des Schablonenmaterials (selbstklebende Vinylfolie) auf die Schneidematte kleben und das Motiv schneiden lassen. Entfernen Sie die Folie vom Trägerpapier (die kleinen Punkte bleiben kleben) und kleben Sie diese auf den Untergrundkarton.

3 Ausreichend Strasssteine auf die Schablone streuen und mit dem Schwamm in die Vertiefungen streichen. Die richtig herum liegenden Strasssteine bleiben in den Vertiefungen liegen, die verkehrt herum liegenden Steine werden wieder herausgestrichen. Legen Sie die letzten Strasssteine mit einer Pinzette in die Vertiefungen.

4 Die Heißtransferfolie mit der klebenden Seite auf die Strasssteine legen und von Hand gut andrücken, sodass die Strasssteine daran kleben bleiben. Auf den Stoff legen, mit Backpapier abdecken und nach Herstellerangaben die Strasssteine festbügeln.

HINWEIS

Der Farbverlauf der pinken Tasche wurde mit Textilspray erreicht. Dazu die unteren 2/3 mit Farbe einsprühen und trocknen lassen. Dann das untere Drittel nochmals einsprühen und wieder trocknen lassen. Erst danach die Strasssteine aufbügeln.

TIPP

Wenn Sie nähen können, nähen Sie die Taschen in Ihrer Wunschgröße selber. Anleitungen dazu finden Sie in verschiedenen Büchern oder im Internet.

Ausgefallene Muster auf Stoff (PixScan)

Schwierigkeitsgrad 2

Material

- PixScan-Schneidematte
- aufbügelbares Klebevlies
- Tasche
- Stoff mit etwas größerem Motiv
- kleine Troddel in Grün

1 Das aufbügelbare Klebevlies auf die Rückseite des Stoffes bügeln und abkühlen lassen. Kleben Sie dann den Stoff mit dem Klebevlies-Trägerpapier auf die PixScan-Matte. Diese fotografieren oder scannen.

2 Das Silhouette Studio öffnen, *PixScan-Bild öffnen* wählen (1), die Kamera-Kalibrierung für die gewünschte Kamera wählen (2), dann das *Pix-Scan-Bild importieren (3)*. Öffnen Sie das *Nachzeichnen-Fenster (4)*. Das gewünschte Motiv mit Verschieben der Hoch- oder Tieffilter herausarbeiten. Beim Einfügen des Motives mit Scanner muss die Kamerakalibrierung natürlich nicht verändert werden. Sie wählen die Funktion zum Scannen und importieren das Bild über den Scanner.

3 Je nach Art des Motives können Sie mit dem Offset-Werkzeug eine Linie mit leichtem Abstand um das Motiv zeichnen. Die PixScan-Schneidematte einziehen lassen. Dann das *Schnitteinstellungen-Fenster* öffnen. Wählen Sie als Materialtyp *Stoff* und lassen Sie das Motiv ausschneiden.

4 Lösen Sie das Motiv vom Trägerpapier und bügeln Sie es auf die Tasche. Sofern es die Größe der Tasche zulässt, den Rand mit einem Dreifachstich knappkantig absteppen.

TIPP

Wenn Sie selber Taschen nähen, applizieren Sie das Motiv vor dem Nähen der Tasche. Das erleichtert die Arbeit.

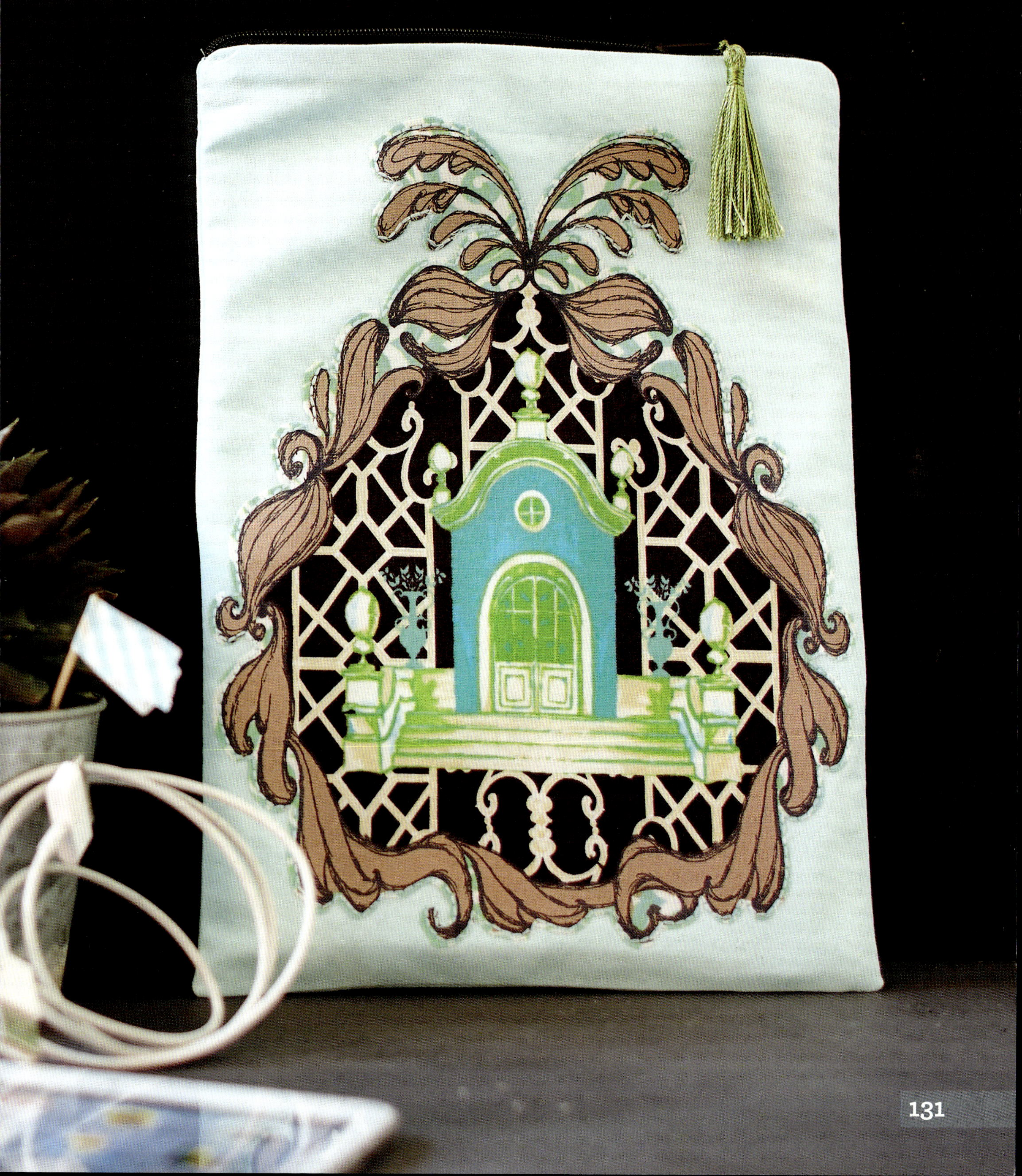

Glitzernde Zahlen

Modellgröße

15 cm × 11 cm

Schwierigkeitsgrad 2

Material

- Strass-Materialset
- 276 aufbügelbare Strass-steine in Weiß, ø 3 mm
- T-Shirt in Weiß
- Rest Backpapier
- Pinzette
- Küchenschwamm

Vorlage

„Rhinestones_Zahlen"

1 Ziffern eignen sich z. B. zum Geburtstag oder als Aufdruck auf einem Trikot. Die Datei öffnen und mittig auf der Arbeitsfläche platzieren. Mögliche verknüpfte Pfade mit dem Befehl *Objekt > Verknüpften Pfad lösen* zu einzelnen Pfaden wandeln. Löschen Sie dann alle nicht benötigten Zahlen.

2 Ein Blatt des Schablonenmaterials (selbstklebende Vinylfolie) auf die Schneidematte kleben und das Motiv schneiden lassen. Die Folie vom Trägerpapier (die kleinen Punkte bleiben kleben) entfernen und auf den Untergrundkarton kleben.

3 Streuen Sie ausreichend Strasssteine auf die Schablone und streichen Sie diese mit dem Schwamm in die Vertiefungen. Die richtig herum liegenden Strasssteine bleiben in den Vertiefungen liegen, die verkehrt herum liegenden Steine werden wieder herausgestrichen. Die letzten Strasssteine mit einer Pinzette in die Vertiefungen legen.

4 Legen Sie die Heißtransferfolie mit der klebenden Seite auf die Strasssteine. Von Hand gut andrücken, sodass die Strasssteine daran kleben bleiben. Auf den Stoff legen, mit Backpapier abdecken und die Strasssteine nach Herstellerangaben festbügeln.

TIPP

In den Vorlagen finden Sie natürlich alle Ziffern von 0 bis 9. Benötigt werden – je nach Ziffern – zwischen 194 (für die 1) und 296 (für die 8) aufbügelbare Strasssteine.

133

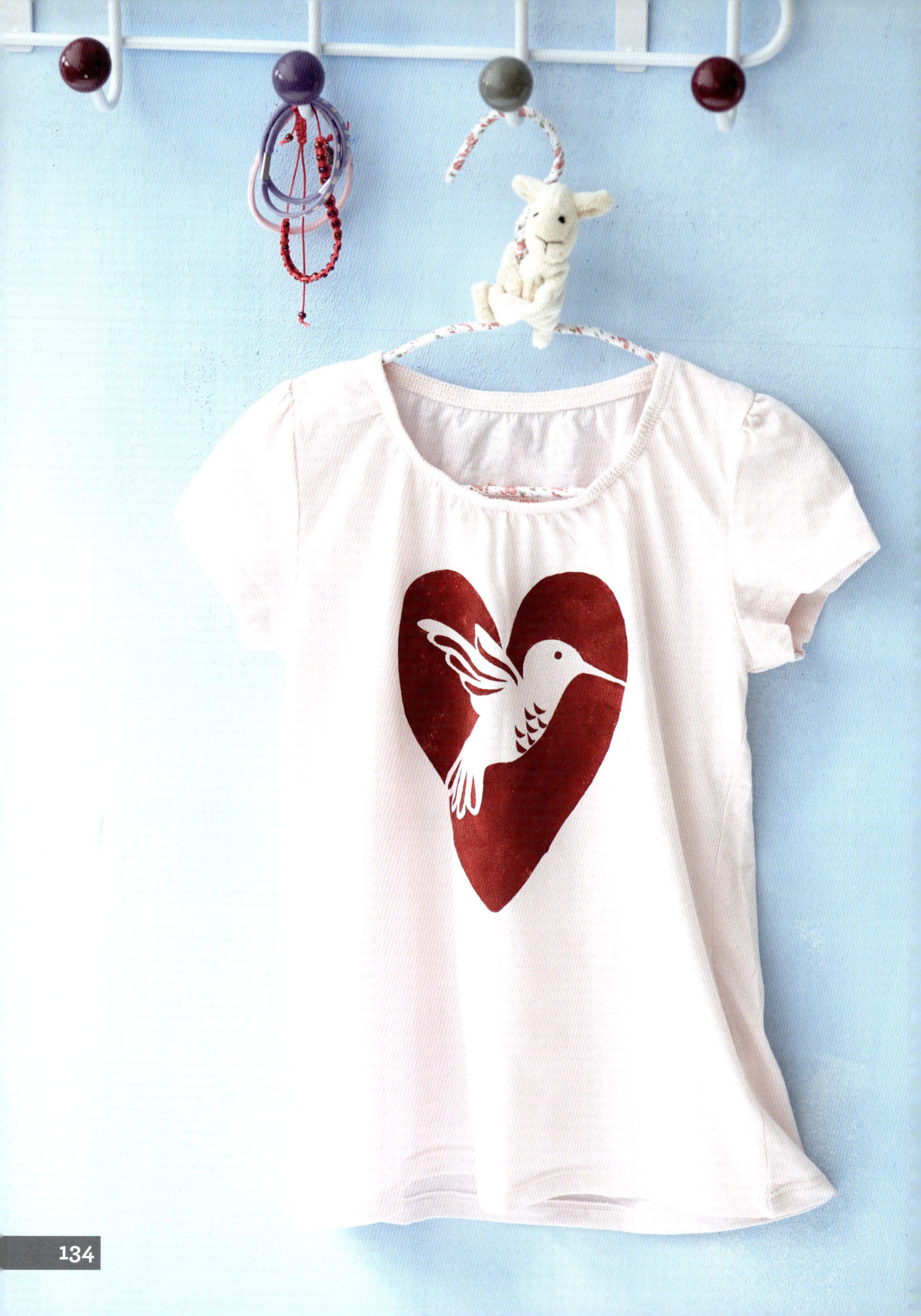

Niedliche Designs mit Schablonen

Modellgröße

14 cm × 16 cm

Schwierigkeitsgrad 2

Material

- Stoffmalfarbe in Rot
- Pinsel
- Entgitterhaken
- Freezer Paper, 20 cm × 25 cm
- T-Shirt in Rosa, vorgewaschen
- Pappe, mind. 16 cm × 20 cm
- Bügeleisen

Vorlage

„Silhouetten_Kolibri"

TIPP

Wenn Sie anstelle von Freezer Paper mit einer Folie arbeiten wollen, finden Sie die Anleitung auf Seite 46.

1 Öffnen Sie die Datei, platzieren Sie sie mittig auf der Arbeitsfläche und passen Sie die Größe ggf. an.

2 Das Freezer Paper mit der glänzenden Seite nach unten auf die Schneidematte legen und in die Silhouette einziehen lassen. Das Motiv schneiden.

3 Entfernen Sie die ausgeschnittenen Flächen mit einem Entgitterhaken. Dann das Motiv vorsichtig von der Schneidematte lösen und mit dem Bügeleisen auf das T-Shirt bügeln, bis es gut klebt (in das T-Shirt eine Pappe schieben, damit die Farbe nicht bis auf die Rückseite des T-Shirts durchdringt).

4 Malen Sie die Flächen mit dem Pinsel aus. Dann das Freezer Paper vorsichtig vom T-Shirt lösen und die Farbe gut trocknen lassen. Die Farbe nach Herstellerangaben mit dem Bügeleisen fixieren.

Ahoi!

Viele Vorlagen, mehr Inspiration

Verschiedene Projekte mit vorhandenen Vorlagen

Dieses Buch enthält Dutzende von unterschiedlichen Vorlagen zum Plotten. Dahinter verbergen sich unzählbare Projektideen. Jede der Vorlagen enthält ganz viel Potenzial für weitere Projekte.

Schauen Sie mal das **Einhorn** mit dem Regenbogenschweif im Buch an. Es taucht bei den Schablonenarbeiten auf und bei dem Deckel des Einhornkakaos. Löschen Sie das Horn, schon haben Sie ein Pferd. Vielleicht als Bügelbild für das Lieblingsshirt der Tochter?

Von der **Teetasse** lässt sich einfach der Henkel entfernen, und stattdessen ein Rahmen um den Becher zeichnen. Aus Papier geschnitten ergibt es eine wunderschöne Karte. Das Motiv erinnert jetzt an eine „Bol"; eine der großen henkellosen Tassen, aus denen die Franzosen morgens ihren Milchkaffee schlürfen. Übrigens: Den Henkel entfernen Sie mit dem Radiergummi, Reste des Henkels können Sie mit dem *Punkte bearbeiten Werkzeug* entfernen.

Der **Anker** macht sich ganz prima aus einem Tapetenrest, aufgenäht auf eine einfache Grußkarte.

Der **Hase** besteht aus Masking Tape Resten, aufgeklebt auf Druckerpapier und dann mit dem Plotter in Hasenform geschnitten.

Die einzelnen **Blumen** aus dem Briefpapier von Seite 64 machen sich übrigens ganz prima als Bügelbilder auf dem T-Shirt.

Die **Kuckucksuhr** können Sie ganz prima verkleinern und als Anhänger für den Osterstrauch verwenden. Das Ziffernblatt entfernen Sie und die Klappe für den Vogel rücken Sie einfach nach unten. Die Rückseite wird durch eine weitere Vorderseite ersetzt (die große Öffnung für das Uhrwerk wird nicht mehr benötigt). Und das Dach wird einfach gespiegelt, sodass auf beiden Seiten gewellte Ränder sind.

Jetzt sind Sie dran!

Zeigen Sie uns, was Sie aus den Vorlagen im Buch gemacht haben. Dazu finden Sie 15 weitere Motive in der Vorlage „15_Ideen" (darunter auch eine Bogenborte oben und Briefmarken bzw. Lose unten). Unter dem Hashtag #15IdeenzumPlotten finden wir Ihre Einträge bei Instagram oder Facebook.

Troubleshooting

Probleme beim Schneiden

Das Gerät macht furchtbare Geräusche beim Schneiden
Die Silhouette ist kein leiser Mitarbeiter. Manche Nutzer beschreiben die Geräusche als „Singen", jaulende Geräusche in den Kurven sind somit erstmal kein Grund zur Sorge. Verstärken sich die Geräusche aber oder sind sie plötzlich unnatürlich laut, ist das sicher ein Fall für den (telefonischen) Kundendienst, es könnte sich um technische Probleme handeln.

Das Motiv wird zu weit links oben geschnitten
Das Gerät könnte auf „Load media" stehen, dann fängt das Gerät ganz links oben mit Schneiden an.

Der Plotter schneidet nicht
Das Problem kann viele Gründe haben: Schauen Sie, dass das Messer richtig eingesetzt ist, dass es nicht defekt ist (z. B. Spitze abgebrochen) und dass die weiße Kappe am Messer festgedreht ist. Der Hebel am Messerhalter muss nach rechts gedreht sein und die kleine Nase am Messer sollte nach vorne zeigen. Prüfen Sie, ob die Linien auch als Schneidelinien definiert sind (Objekt markieren, dann bei *Schnitteinstellungen* > *Schnittstil* > *Schneiden* wählen). Schauen Sie, dass die Silhouette angeschlossen und angeschaltet ist und ob die Schneidematte ordentlich eingezogen ist.

Das Messer zerreißt das Papier
Manchmal kommt das Messer mit den Drehungen an spitzen Ecken nicht hinterher und das Papier reißt. Verringern Sie die Geschwindigkeit beim Schneiden, reduzieren Sie den Druck und wählen Sie lieber einen Doppelschnitt. In manchen Fällen liegt es am Papier, es ist zu faserig. Dann hilft nur der Umstieg auf eine andere Papierfirma. Das Messer könnte nach häufigem Schneiden aber auch einfach stumpf sein. Ersetzen Sie es durch ein neues Messer.

Der Plotter schneidet am Ende des Schneidevorgangs eine diagonale Linie über die ganze Seite
Die Silhouette Studio Version 3.3.437 hatte einen Bug. Durch ein Upgrade wird der Fehler entfernt. Bei *Hilfe* > *Über Silhouette Studio …* sehen Sie Ihre derzeitige Version.

Probleme mit der Schneidematte

Die Schneidematte klebt zu stark
Legen Sie die Schneidematte auf einen Stoffuntergrund. Feine Fasern bleiben an der Klebefläche hängen, die Schneidematte klebt nicht mehr so stark.

Die Materialien rutschen auf der Schneidematte herum
Wenn die Klebekraft nachlässt, können die Papiere auf der Schneidematte hin- und hergeschoben werden. Spülen Sie die Schneidematte unter warmem Wasser ab und rubbeln Sie vorsichtig mögliche Fasern von der Matte. Dann trocknen lassen. Sollte dies nicht reichen, mit einem nichtpermanentem Sprühkleber die Sprühkraft wieder erhöhen (Anleitung s. S. 9).

Auf der Schneidematte sind viele kleine Schnittlinien
Feine Schnittlinien sind kein Problem, sie entstehen automatisch beim Schneiden.

Die Schneidematte ist durchgeschnitten
Sofern der Schnitt irgendwo am Rand ist, können Sie auf der Rückseite der Matte einen Streifen Klebefilm dagegen – kleben und versuchen, den Bereich in Zukunft auszusparen. Ist der Schnitt irgendwo in der Mitte, kann ein Klebefilmstreifen schon zu einer Änderung der Schnitttiefe führen, dann kann das Messer in dem Schnitt hängen bleiben und sogar abbrechen. Eine neue Matte ist dann sicher angebracht.

Die Schneidematte wird schief eingezogen
Schauen Sie, dass der Hebel im Gerät nach oben zeigt und dass die Schneidematte unter den beiden weißen Transportrollen läuft.

Die Schneidematte ist im Gerät eingeklemmt
Versuchen Sie, die Matte über *unload* aus dem Plotter zu entfernen. Sollte dies nicht funktionieren, schalten Sie das Gerät ab und schließen Sie das Studio (um den laufenden Plottvorgang zu unterbrechen). Warten Sie einen Moment. Öffnen Sie das Studio wieder und schalten Sie den Plotter wieder an. Versuchen Sie nun, über *unload* die Matte Stück für Stück aus dem Gerät zu bekommen.

Probleme mit Designs

Die gekauften Designs lassen sich nicht bearbeiten
Neue Designs (insbesondere svg-Dateien) sind im Normalfall gruppiert. Um die Gruppierung aufzuheben, markieren Sie das Objekt, wählen Sie *Objekt > Verknüpften Pfad lösen*.

Zwei Flächen lassen sich nicht miteinander verschmelzen
Evtl. ist eine der Flächen nicht geschlossen. Doppelklicken Sie auf die einzelnen Designs. Erscheint an zwei oder mehr Stellen ein roter Kreis, ist der Pfad an dieser Stelle nicht geschlossen. Legen Sie zwei der roten Kreise mit dem Werkzeug *Punkte bearbeiten* übereinander, der Pfad wird automatisch geschlossen.

Ein Objekt lässt sich nicht mit Farbe oder Mustern füllen
Evtl. ist eine der Flächen nicht geschlossen (s. o.).

Probleme mit der Software

Die im Silhouette Online Store gekauften Designs werden nicht runtergeladen
Wenn neue Designs nicht automatisch geladen werden, müssen Sie Ihre Maschine im Shop anmelden. Dann sollte der Download automatisch erfolgen.

Wo bekomme ich ein Update der Silhouette Studio Software?
Über *Hilfe > Nach Updates suchen* werden neue Updates gesucht.

Wo gebe ich den Lizenzcode für die Silhouette Studio Design Edition ein?
Bei *Hilfe > Upgrade Silhouette Studio* können Sie Ihre Daten eingeben.

Probleme mit Heißtransferfolien

Die Designs lösen sich vom Stoff
Auch hier gibt es mehrere Gründe: Die Designs sind nicht mit ausreichend Hitze und Druck aufgebügelt worden, die Kleidung war zum Zeitpunkt des Aufbügelns noch imprägniert, die Kleidung wurde nach dem Aufbügeln zu heiß gewaschen, beim Waschen nicht auf links gedreht oder im Trockner getrocknet. Als erste Hilfe können Sie die Designs nochmals mit viel Druck und passender Temperatur aufbügeln, allerdings können diese sich danach wieder lösen. Die Kleidung sollte vor dem Aufbügeln also immer richtig gewaschen werden.

Probleme bei Print & Cut

Der Plotter erkennt die Passermarken nicht
Überprüfen Sie, ob die Passermarken gedruckt wurden und in Schwarz auf weißem Untergrund stehen, je höher der Kontrast, desto leichter für das Gerät lesbar. Überprüfen Sie auch, ob die richtigen Passermarken gedruckt wurden (Quadrat links oben). Schauen Sie, ob das Papier richtig herum eingezogen wurde und das Quadrat links oben liegt. Versuchen Sie, mit mehr Licht am Gerät zu arbeiten, damit der Plotter die Passermarken „sehen" kann.

Plotter und Drucker verwechseln Schneide- und Drucklinien
Überprüfen Sie nochmal alle Linien, ordnen Sie den Linien unterschiedliche Farben zum Schneiden und zum Drucken zu. Ordnen Sie den Drucklinien nochmals eine Linienfarbe zu (über das *Linienfarben-Fenster*) und erhöhen Sie ggf. die Linienstärke (über das *Linienstil-Fenster*).

Probleme mit PixScan

Alle Motive werden richtig angezeigt, aber versetzt geschnitten
Die PixScan-Matte 2 bis 3 mm weiter rechts anlegen und einziehen lassen, sodass die Matte aber noch unter der weißen Transportrolle läuft und nicht schräg eingezogen wird. Damit kann der kleine Sensor die Passermarken besser lesen. Ist der Versatz weiterhin regelmäßig in eine Richtung verschoben, versetzen Sie die Schneidelinien manuell in die andere Richtung. Damit kann der Versatz ausgeglichen werden (allerdings nur provisorisch). Achten Sie grundsätzlich darauf, Fotos gerade und von oben aufzunehmen – je weniger das Programm mögliche Verzerrungen aus dem Foto entfernen muss, desto besser werden die Ergebnisse.

Register

631 Matte Vinylfolie für den Innenbereich, s. S. 46.

651 Glänzende Vinylfolie für den Außenbereich, s. S. 46.

Ausrichten Objekte können je nach Verwendung in der Seitenmitte oder am Rand ausgerichtet werden. Öffnen Sie dafür das *Ausrichten-Fenster* ( ), markieren Sie die Objekte, die Sie ausrichten möchten und wählen Sie die gewünschte Ausrichtung, ggf. die Objekte vorher gruppieren, s. S. 14, 23, 25.

Bibliothek In der Bibliothek können Sie alle Designs sammeln, sie werden dort allerdings ohne Voreinstellungen wie Seitengröße o. Ä. gespeichert, s. S. 18.

Bügelfolien Unterteilen sich in ▶Flexfolien und ▶Flockfolien, s. S. 43.

Dicke Der Anpressdruck beim Schneiden, s. S. 40.

Drehen Zum Drehen das Objekt markieren und den grünen Punkt nach rechts oder links schieben. Durch Halten der Umschalt-Taste (⇧) rastet das Motiv immer nach 45° ein, s. S. 14, 23.

DPI Dots per inch, die Anzahl der ▶Pixel in einem Inch. Je mehr Pixel, desto deutlicher das Bild. Druckdateien haben eine Auflösung von 300 dpi, Bildschirmfotos 72 dpi.

Dreieck Dreiecke oder Vielecke werden mit dem Vieleck-Werkzeug ( ) gezeichnet. Zunächst ein Vieleck zeichnen, dann durch Verschieben des Reglers am Vieleck die Anzahl der gewünschten Ecken einstellen.

Drucken Für die Funktion Print & Cut können Motive vor dem Plotten gedruckt ( ) werden, s. S. 13, 50.

Duplizieren Objekt markieren, dann die Tastenkombination *Strg + C* und *Strg + V* oder Sie öffnen das *Replizieren-Fenster* ( ), s. S. 37, 51.

DXF Drawing interchange format, s. S. 20.

EPS Encapsulated post script, s. S. 21.

Falzlinien Können als gestrichelte Linie angelegt werden. In den Dateien zum Buch sind diese rot eingefärbt. Die entsprechende Linie markieren, das *Linienstil Fenster* öffnen ( ) und die gewünschte Linienart auswählen.

Flockfolie Samtartige Folie für die Verarbeitung auf Textilien, s. S. 43.

Flexfolie Matte Folie für die Verarbeitung auf Textilien, s. S. 43.

Formen füllen Flächen können mit Farben, Verläufen oder Mustern gefüllt werden. Dazu das Objekt markieren, das gewünschte Füllfenster öffnen und die Füllfarbe oder das -muster auswählen ( ).

Freezer Paper Ein mit Plastik beschichtetes Papier. In Amerika wird es zum Einpacken von Lebensmitteln und – noch viel mehr – zum Basteln verwendet. In Deutschland finden Sie Freezer Paper am ehesten in Patchwork-Shops oder online. Manche Metzgereien verwenden ein ähnliches Papier zum Verpacken von Fleisch. Und auch Druckerpapier ist in plastiniertes Papier verpackt. Diese Papiere können Sie ebenfalls verwenden.

GIF Graphics interchange format, s. S. 21.

Gruppieren Das Zusammenfügen von verschiedenen Formen im Studio, s. S. 15.

Inkscape Kostenloses Open Source Programm zur Erstellung von Vektordateien. Kann begrenzt auch mit Pixeldateien arbeiten, s. S. 32.

Kalibrieren (der Kamera) Zur Abstimmung von Programm und Kamera muss ein Bild der Kamera im Programm hinterlegt werden, s. S. 53.

Kreis zeichnen Ellipsen-Werkzeug, durch Halten der Umschalt-Taste (⇧) wird die Ellipse zum symmetrischen Kreis, s. S. 15, 26.

Linienfarbe Zum Schneiden mit unterschiedlichen Parametern oder zum Drucken können Linien unterschiedlich eingefärbt werden. Dafür das *Linienfarben-Fenster* öffnen ( ), die gewünschte Linie auswählen und eine Farbe wählen.

Messer S. S. 10.

Messerlänge S. S. 38.

Offset Legt einen Rahmen um ein Projekt, der Abstand kann frei gewählt werden, s. S. 14, 31, 36, 50.

PDF Portable document format, s. S. 21.

Pfad schließen Das Objekt mit Doppelklick auswählen, mit dem Werkzeug *Punkte bearbeiten* ( ) einen der Endpunkte (roter Kreis) greifen und auf einen anderen Endpunkt (roter Kreis) legen. Die beiden Punkte verschweißen automatisch, das Objekt ist geschlossen.

Picmonkey Kostenloses Online-Programm zur Bearbeitung von Fotos, s. S. 32.

Pixeldatei Fotos bestehen aus unzähligen kleinen Quadraten (Pixeln), jedes Quadrat besteht aus einer Farbe und viele dieser Quadrate ergeben ein Bild. Pixeldateien werden beim Vergrößern unscharf. Das Gegenteil von Pixeldateien sind ▶Vektordateien.

PixScan Eine spezielle Matte, mit der Bilder per Foto oder Scanner eingelesen und geschnitten werden können, s. S. 8, 52.

PNG Portable network graphics, s. S. 21.

Print & Cut Zunächst wird ein Bild gedruckt und dann geschnitten. Dabei helfen Passermarken, die im Programm erzeugt werden, s. S. 50.

Punkte bearbeiten Wichtiges Werkzeug zur Bearbeitung einzelner Punkte, s. S. 15, 26.

Schneiden und erweiterte Schneidefunktionen Durch Öffnen des *Schnitteinstellungen-Fensters* ( ) können die Schnittparameter festgelegt werden, durch Anwählen der erweiterten Bearbeitung können unterschiedliche Parameter für unterschiedliche Linienfarben festgelegt werden, s. S. 14, 61.

Schneideunterlage Klebende Folien zum Schneiden von Papieren und anderen Materialien, s. S. 8.

Schriften Alle auf dem PC installierten Schriften können im Programm aufgerufen und verwendet werden. Nach Installation einer neuen Schrift muss das Silhouette Studio neu gestartet werden, in manchen Fällen ist der Neustart des Computers notwendig.

Silhouette Studio® Kostenloses Programm von Silhouette zum Erstellen und Bearbeiten von Plotterdateien.

Silhouette Studio® Design Edition Erweiterung des Silhouette Studio® mit erweiterten Funktionen, käuflich zu erwerben über Silhouette, Hobbyplotter oder anderen Online-Shops.

Sketch pens Stifte mit einem breiten Schaft zum Einsetzen in den Messerhalter des Plotters, s. S. 54.

Speichern In der Bibliothek oder auf dem PC, s. S. 18.

Spiegeln Insbesondere für Heißtransferfolien (Flex und Flock) notwendig. Öffnen Sie das *Replizieren-Fenster* ( ) und spiegeln Sie Ihr vorher markiertes Objekt, s. S. 14, 44.

Sprache Die Sprache – und weitere Voreinstellungen – können Sie mit dem kleinen Zahnrad (rechts unten) ändern: *Einstellungen > Allgemein > Sprache*.

Stempel Mithilfe von dünnen Silikonplatten können Sie mit dem Plotter Stempel erstellen, s. S. 58.

Strasssteine Mithilfe von Schablonen können Sie Motive für Strasssteine selbst herstellen, s. S. 55.

Stoff Stoff lässt sich mithilfe von Klebvliesen mit dem Plotter schneiden, s. S. 60.

SVG Scalable vector graphics, s. S. 20.

Transferfolie Eine leicht klebende Folie, die beim Übertragen von Vinylfolie benötigt wird. Alternativ können Sie auch selbstklebende Bucheinschlagfolie verwenden, müssen diese jedoch vor dem Aufkleben auf Stoff kleben, um die Klebekraft zu reduzieren. Beim häufigen Übertragen von Vinylfolie lohnt die Anschaffung einer Rolle Transferfolie.

Testschnitt Ein kleines Motiv, das in der linken oberen Ecke geschnitten wird, um zu testen, ob die gewählten Schnittparameter passen, s. S. 40.

TIF Tagged image file format, s. S. 21.

Transportrolle Kleine weiße Rollen im Plotter, die dafür sorgen, dass die Schneidematte sauber transportiert wird, s. S. 59.

Troubleshooting Für erste Problembehandlungen s. S. 138.

Vektordatei Setzen sich aus grafischen Linien zusammen und sind unendlich skalierbar, da nur Punktinformationen und Verbindungslinien gespeichert werden. Das Gegenteil von Vektordateien sind ▶Pixeldateien.

Vereinen Mehrere einzelne Flächen im Studio können durch *Vereinen* zu einer großen Fläche verändert werden.

Vinyl Klebefolie für Wandtattoos oder Außenanwendung, siehe ▶631, ▶651, s. S. 46.

Werkzeuge S. S. 13.

Lohnt sich ein Update auf die Silhouette Studio® Design Edition (meist nur DE genannt)? Was kann diese zusätzlich?

- **Svg-Dateien** lassen sich direkt im Programm öffnen.
- **Ebenen** anlegen: Das ist ein bisschen wie ein Stapel transparenter Folien übereinandergelegt. Man hat die Möglichkeit, auf jede Folie einen Teil des Designs abzulegen. Zum Bearbeiten kann man einzelne Ebenen sperren, um sie beim Bearbeiten von anderen Ebenen nicht versehentlich zu verschieben. Wer schon mal mit Adobe-Programmen gearbeitet hat, kennt und schätzt diese Funktion sicherlich.
- Mit der **Pipette** kann man Eigenschaften von Linien oder Füllungen von einer Form auf eine andere Form übertragen.
- Für Fans von Sketch-Stiften ist die **Skizzen-Funktion** sicherlich sehr interessant. Damit lassen sich handgezeichnete Linien imitieren oder Flächen mit einer Schraffierung füllen. Diese werden später vom Stift genau nachgefahren.
- Mit der Funktion **Glitzersteine** lassen sich einfach Vorlagen für das Arbeiten mit Strasssteinen erzeugen. Sie öffnen ein Motiv, geben die Größe der Steine an und legen den Mindestabstand fest, das Programm berechnet die Vorlage.
- Bei der **Schachtelungs-Funktion** werden die Objekte sehr platzsparend auf der Arbeitsfläche angeordnet.
- **Lineale** an den Rändern. Praktisch für alle, die mit genauen Maßen arbeiten.
- Der **Radierer** ist frei skalierbar (bei der Studio-Version gibt es nur zwei Größen).
- Die DE enthält mehrere **Messerformen**, ähnlich wie bei Konturenscheren (Wellenschnitt, Zackenschnitt, Bogenkante etc.).

Buchempfehlungen für Sie

TOPP 7621
ISBN 978-3-7724-7621-1

TOPP 8183
ISBN 978-3-7724-8183-3

TOPP 4218
ISBN 978-3-7724-4218-6

TOPP 4210
ISBN 978-3-7724-4210-0

TOPP 5885
ISBN 978-3-7724-5885-9

TOPP 5973
ISBN 978-3-7724-5973-3

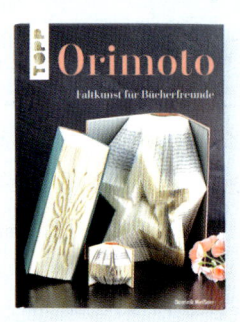

TOPP 7599
ISBN 978-3-7724-7599-3

TOPP 7637
ISBN 978-3-7724-7637-2

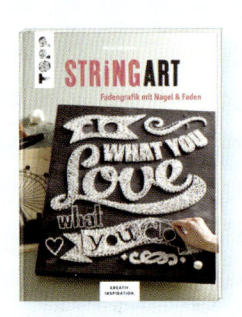

TOPP 5990
ISBN 978-3-7724-5990-0

TOPP 8187
ISBN 978-3-7724-8187-1

TOPP 6776
ISBN 978-3-7724-6776-9

TOPP 6391
ISBN 978-3-7724-6391-4

TOPP 5971
ISBN 978-3-7724-5971-9

TOPP 7553
ISBN 978-3-7724-7553-5

TOPP 7620
ISBN 978-3-7724-7620-4

TOPP 6436
ISBN 978-3-7724-6436-2

Weitere Ideen zum Selbermachen gesucht?

Lieblingsstücke von einfach bis einfach genial finden Sie bei TOPP! Lassen Sie sich auf unserer Verlagswebsite, per Newsletter oder in den sozialen Netzwerken von unserer Vielfalt inspirieren!

Website
Verlockend: Welcher Kreativratgeber soll es für Sie sein? Schauen Sie doch auf www.TOPP-kreativ.de vorbei & stöbern Sie durch die neusten Hits der Saison!

TOPP-Autoren
Sie wollen wissen, wer die „Macher" unserer Bücher sind? Wer Ihnen nützliche Tipps & Tricks gibt? Auf www.TOPP-kreativ.de/Autor warten jede Menge spannender Infos zum jeweiligen Autor auf Sie. Finden Sie heraus, welches Gesicht hinter Ihrem Lieblingsbuch steckt!

Facebook
Werden Sie Teil unserer Community & erhalten Sie brandaktuelle Informationen rund ums Handarbeiten auf www.Facebook.com/Mitstrickzentrale
Wer sich für Basteln, Bauen, Verzieren & Dekorieren interessiert, ist auf www.Facebook.com/Bastelzentrale genau richtig!

Pinterest
Sie sind auf der Jagd nach den neusten Trends? Sie suchen die besten Kniffe? Die schönsten DIY-Ideen? All' das & noch vieles mehr gibt es von TOPP auf www.Pinterest.com/Frechverlag

Newsletter
Bunt, fröhlich & überraschend: Das ist der TOPP-Newsletter! Melden Sie sich unter: www.TOPP-kreativ.de/Newsletter an & wir halten Sie regelmäßig mit Tipps & Inspirationen über Ihr Lieblingshobby auf dem Laufenden!

Extras zum Download in der Digitalen Bibliothek
Viele unserer Bücher enthalten digitale Extras: Tutorial-Videos, Vorlagen zum Downloaden, Printables & vieles mehr. Dieses Buch auch? Dann schauen Sie im Impressum des Buches nach. Sofern ein Freischaltcode dort abgebildet ist, geben Sie diesen unter www.TOPP-kreativ.de/DigiBib ein. Nach erfolgreicher Registrierung erhalten Sie Zugang zur digitalen Bibliothek & können sofort loslegen.

YouTube
Sie wollen eine ganz neue Technik ausprobieren? Sie arbeiten an einem spannenden Projekt, aber wissen nicht weiter? Unsere Tutorials, Werbetrailer, Interviews & Making Of's auf www.YouTube.com/Frechverlag helfen Ihnen garantiert dabei, den passenden Ratgeber von TOPP zu finden.

Instagram
Sie sind auf Instagram unterwegs? Super, TOPP auch. Folgen Sie uns! Sie finden uns auf www.Instagram.com/Frechverlag
Möchten Sie uns an Ihrem Lieblingsprojekt teilhaben lassen? Am besten posten Sie gleich ein Foto mit dem Hashtag #frechverlag & wir stellen Ihr Werk gerne unserer Community vor – yeah!

Alles in einer Hand gibt's hier:

Kreativ-Bücher finden Sie auf www.TOPP-kreativ.de

Die Autorin

MIRIAM DORNEMANN kam über einen kurzen Umweg als Beamtin vor einigen Jahren in ihrem Traumberuf als Grafikerin und Illustratorin an. Seitdem verbinden sich Hobby und Arbeit ganz unproblematisch. Kreative Experimente müssen allerdings bis in die späten Abendstunden warten, bis ihr Sohn im Bett ist. Dann aber gibt es kein Halten mehr und sie malt, näht, filzt, arbeitet mit Papier oder ihrem Hobbyplotter. Ihre Ideen teilt sie dabei gerne auf ihrem Blog: www.mirid.de

Danke!
Wir danken der medacom graphics GmbH, die uns über Hobbyplotter.de unterstützt und dieses Projekt erst ermöglicht hat. Vielen Dank für Material sowie Werkzeug, die Geräte von Silhouette und die inhaltliche Unterstützung.

hobbyplotter.de

Impressum

MODELLE: Miriam Dornemann
FOTOS: frechverlag GmbH, 70499 Stuttgart; lichtpunkt, Michael Ruder, Stuttgart.
VIDEOPRODUKTION: medacom graphics GmbH
PRODUKTMANAGEMENT: Joel Müseler
LEKTORAT: Joel Müseler, Uta Koßmagk
LAYOUTENTWICKLUNG: Sophia Höpfner
GESTALTUNG UND SATZ: Eva Grimme
DRUCK UND BINDUNG: Finidr s.r.o., Tschechische Republik

Materialangaben und Arbeitshinweise in diesem Buch wurden von der Autorin und den Mitarbeitern des Verlags sorgfältig geprüft. Eine Garantie wird jedoch nicht übernommen. Autorin und Verlag können für eventuell auftretende Fehler oder Schäden nicht haftbar gemacht werden. Das Werk und die darin gezeigten Modelle sind urheberrechtlich geschützt. Die Vervielfältigung und Verbreitung ist, außer für private, nicht kommerzielle Zwecke, untersagt und wird zivil- und strafrechtlich verfolgt. Dies gilt insbesondere für eine Verbreitung des Werkes durch Fotokopien, Film, Funk und Fernsehen, elektronische Medien und Internet sowie für eine gewerbliche Nutzung der gezeigten Modelle. Bei Verwendung im Unterricht und in Kursen ist auf dieses Buch hinzuweisen.

3. Auflage 2017
© 2016 frechverlag GmbH, Turbinenstraße 7, 70499 Stuttgart

ISBN 978-3-7724-7690-7
Best.-Nr. 7690

Kreativ-Hotline

Hilfestellung zu allen Fragen, die Materialien und Bücher zu kreativen Hobbys betreffen:
Frau Erika Noll berät Sie. Rufen Sie an oder schreiben Sie eine E-Mail!

Telefon: 0 50 52 / 91 18 58*

*normale Telefongebühren

E-Mail: mail@kreativ-service.info

Die digitalen Inhalte zu diesem Buch stehen in der TOPP Digitalen Bibliothek unter www.topp-kreativ.de/videocenter nach erfolgter Registrierung bereit.

Der Freischalte-Code lautet: 16614